CÓMO INVERTIR PARA ADOLESCENTES

Cómo Crear Su Primera Cartera Rentable en 7 Días - No Se Requiere un Adulto y No Se Necesita Experiencia

Maxi Tonkins

ÍNDICE

PREFACIO

Seamos realistas: la mayoría de los libros sobre dinero son aburridos. Están llenos de jerga confusa, escritos para personas que ya poseen un yate, y diseñados para hacerte sentir que necesitas un título en economía solo para entender qué es una acción. Si has tomado este libro, probablemente ya conoces la verdad crucial: esperar hasta tener treinta para comenzar a invertir es básicamente tirar dinero a la basura.

No estás aquí para esperar. Eres inteligente, curioso, y estás listo para hacer que tu dinero trabaje más duro que tú. Para eso es exactamente esta guía. No vamos a hablar de historia antigua ni de teorías financieras abstractas. Estamos aquí para hablar de cómo empezar, ahora mismo.

En los próximos siete días, vamos a cortar el ruido, omitir las confusas charlas de adultos, y darte el plan claro, ingenioso y fácil de seguir que necesitas para lanzar tu primer portafolio. Te guiaremos paso a paso a través de la configuración de tus cuentas, realizando tus primeras compras, y entendiendo exactamente qué posees. No se requiere supervisión parental (bueno, casi).

Prepárate para abandonar el lenguaje complicado y abrazar la verdadera confianza financiera. Estás a punto de intercambiar confusión por capital. Tu yo futuro te lo agradecerá. Vamos a trabajar

INTRODUCCIÓN

EL "PODER SOBREHUMANO" DE LOS ADULTOS QUE NUNCA TE ENSEÑARON EN LA ESCUELA (Y CÓMO DESBLOQUEARLO HOY)

Si alguna vez has sentido que la economía es un inmenso, impenetrable juego donde todas las reglas están ocultas y solo los muy ricos conocen los códigos de trampa, tienes razón. Pero también estás equivocado. Las reglas no están ocultas, simplemente están obscurecidas por jerga innecesaria y la mayor mentira jamás contada sobre la creación de riqueza: que es solo para "adultos".

Bienvenido al verdadero juego de la creación de riqueza, y felicitaciones por recoger el libro de estrategia maestra.

Olvídate de cada promesa de enriquecimiento rápido que hayas visto en línea. Este libro no te enseñará cómo negociar acciones de memes o duplicar tu dinero de la noche a la mañana. Este libro te enseñará cómo convertir el dinero extra—el que ganas de un trabajo de verano, tu mesada, o regalos de cumpleaños—en futura libertad financiera. Invertir es el verdadero superpoder que nunca te enseñaron en historia, matemáticas, o educación vial, y es el único camino confiable para construir una riqueza duradera.

Durante demasiado tiempo, el mundo financiero ha operado como un club exclusivo, otorgando membresías solo después de que gradúas de la universidad, consigues un "trabajo real", y quizás ya estás profundamente endeudado. Estamos desmantelando esa barrera ahora mismo. Invertir no está reservado para aquellos que visten trajes o leen el Wall Street Journal a las 6 a.m. Es una habilidad fundamental, y cuanto más joven la desbloquees, más rápido y más lejos llegarás.

La mayor ventaja que posees en este momento no es la inteligencia, la determinación, o una cuenta bancaria gigante; es el tiempo.

Vamos a presentarte el código de trampa financiero definitivo: el interés compuesto. El interés compuesto es el concepto mágico donde tus ganancias comienzan a generar sus propias ganancias, creando una bola de nieve financiera que se hace más grande y rápida cuanto más tiempo rueda. Comenzar a los 16, 17 o 18 significa que tienes una década extra —quizás dos—de poder de composición en comparación con tus compañeros que esperan hasta sus veinte o treinta. Esta ventaja temporal vale matemáticamente cientos de miles de dólares, quizás incluso millones. Es literalmente el activo más valioso que tienes, y debes usarlo de inmediato.

Este libro está estructurado como un desafío práctico de siete días. Vamos a cortar a través de la confusión, saltar las conferencias confusas, y pasar directamente a la acción.

En los próximos siete días, cubriremos:

Día 1-2: Mentalidad y Recursos. Definimos tus metas y te mostramos cómo encontrar dinero en tu flujo de efectivo actual para financiar tu primera inversión.

Día 3-4: La Plataforma de Lanzamiento. Aseguramos el perfecto, amigable para adolescentes, setup legal de cuentas y te presentamos a las criaturas de inversión fundamentales—las acciones y fondos que harán el trabajo pesado por ti.

Día 5-7: Ejecución y Automatización. Te enseñamos a investigar inversiones como un profesional, realizar tus primeras transacciones, y establecer un sistema automatizado para que tu dinero crezca sin que tú tengas que mover un dedo constantemente.

Al final de esta guía, toda la esfera de las finanzas—que actualmente podría parecer un oscuro y confuso laberinto—se transformará en un camino claro y brillante que lleva directamente a tus metas, ya sea un nuevo equipo de juego, la matrícula universitaria, o una verdadera independencia.

Prepárate para sentirte seguro, capaz, y listo para hacer que tu dinero importe. El poder es tuyo. Vamos a desbloquearlo.

CHAPTER ONE

EL CÓDIGO DE TRAMPA DEFINITIVO: POR QUÉ EMPEZAR A LOS 16 ES MEJOR QUE EMPEZAR A LOS 30 (LA VENTAJA TEMPORAL DE $500,000)

Actualmente te encuentras en una encrucijada única en la vida, una a la que casi todos los adultos desearían poder regresar. Puedes sentir que no tienes poder porque no tienes un salario de seis cifras o una oficina en la esquina, pero la verdad es que posees el activo más valioso en finanzas: el Tiempo.

Piensa en el tiempo como un cheque invisible de $500,000 que se te da simplemente por empezar joven.

La mayoría de las personas espera hasta que tienen "suficiente dinero" o "suficiente experiencia" para comenzar a invertir, generalmente en sus veintes o treintas. Pasan esos años críticos enfocados en consumir, creyendo que invertir es algo para la jubilación o para la generación de sus padres. Al leer este libro ahora, estás efectivamente tomando un atajo a través de esas décadas de procrastinación, activando el código de trampa más poderoso en la historia financiera: el interés compuesto.

Este capítulo no se trata de seleccionar acciones aún; se trata de actualizar el sistema operativo de tu cerebro. Vamos a desmantelar las creencias limitantes que mantienen a la mayoría de las personas en la pobreza, entender el motor matemático imparable que hace crecer el dinero, y establecer las coordenadas para tu futura libertad financiera. Prepárate para dejar de ser solo un consumidor y comenzar a ser un propietario.

REVELADO: El Cambio de Mentalidad Secreto Que Separa a los Consumidores de los Millonarios

Si miras alrededor de tu habitación ahora mismo, probablemente puedes identificar docenas de cosas que compraste: zapatillas nuevas, una suscripción de streaming, el último videojuego, bocadillos. Eres un consumidor. Pagaste en efectivo para poseer estos artículos, y en el momento en que los usaste, comenzaron a perder valor.

No hay nada de malo en ser un consumidor—es necesario—pero si quieres construir riqueza, debes reconocer la diferencia fundamental entre el consumo y la propiedad.

El cambio de mentalidad secreto que separa a quienes luchan con el dinero de aquellos que construyen riqueza generacional es simple: Deja de alquilar tu tiempo y comienza a poseer activos.

Ahorrar vs. Invertir: Por Qué Tu Dinero Necesita un Trabajo

Muchas personas confunden ahorrar con invertir. Aclaremos:

Ahorrar es cuando tomas efectivo y lo pones en un lugar seguro, como debajo de tu colchón o en una cuenta de ahorros básica. El dinero no crece. De hecho, debido a la inflación —la fuerza económica sigilosa que hace que todo sea más caro cada año—tu dinero ahorrado en realidad pierde poder adquisitivo con el tiempo. Un dólar ahorrado hoy compra menos el próximo año. Ahorrar es esencial para metas a corto plazo (como un fondo de emergencia o comprar una entrada para un concierto), pero es una estrategia terrible para construir riqueza a largo plazo.

Invertir es cuando tomas efectivo y lo usas para comprar un activo que tiene el potencial de producir más efectivo. Cuando compras una acción en una empresa, literalmente estás comprando un pequeño pedazo de esa empresa. Te conviertes en un propietario. Cuando esa empresa genera ganancias, tú, el propietario, te beneficias.

Pensa en los productos que usas todos los días: tu iPhone, tu suscripción a Spotify, tu marca favorita de bebida energética. Cuando compras estas cosas, transfieres tu dinero a la corporación. Pero cuando compras acciones de Apple, Spotify o Coca-Cola, te transformas de un mero cliente en un socio comercial. Cada vez que otro cliente compra un producto de una empresa que posees, tu inversión potencialmente aumenta de valor.

Esta es la Mentalidad del Inversor. Se trata de la gratificación diferida y la paciencia estratégica. Es elegir destinar $50 para poseer una parte de la próxima gran empresa tecnológica en lugar de gastar $50 en comida rápida o en una nueva apariencia en un juego. Ese pequeño cambio, ejecutado de manera consistente, es el motor de creación de millonarios. Estás programando tu dinero para trabajar más duro que tú.

El Efecto Nieve: Cómo Tus Primeros $100 Pueden Convertirse en $10,000 Mientras Duermes

Si solo aprendes un concepto financiero en este libro, que sea el Interés Compuesto.

Se dice que Albert Einstein llamó al interés compuesto la octava maravilla del mundo. Es lo más cercano a la magia real que experimentarás, y depende completamente del tiempo.

¿Qué es el Interés Compuesto?

Es ganar rendimientos no solo sobre el dinero que invertiste (el capital) sino también sobre los rendimientos que ya has ganado.

Imagina una pequeña bola de nieve en la cima de una colina masiva. Esa pequeña bola de nieve es tu primera inversión ($100). A medida que rueda hacia abajo, recoge nieve (rendimientos). En la segunda rotación, ahora es más grande, por lo que recoge aún más nieve. Para cuando llega al fondo de la colina, es un enorme y imparable bólido.

En finanzas, la colina es el tiempo. Cuanto más tiempo rueda la bola de nieve, más rendimientos gana sobre sus rendimientos.

Veamos los números—porque esta es la prueba matemática de tu ventaja de $500,000. Asumiremos que ambos inversores obtienen un rendimiento histórico promedio del 8% por año, que es el estándar para el mercado de valores a largo plazo.

Escenario 1: El Inversor Adolescente (Tú)

Edad: 16

Contribución: $200 al mes

Duración de la Contribución: 10 años (edades 16-26)

Total de Efectivo Contribuido: $24,000

Deja de Contribuir a los 26: El dinero se queda invertido, intocable, hasta los 65 años.

Escenario 2: El Camarero (El de 30 Años)

Edad: 30

Contribución: $200 al mes

Duración de la Contribución: 35 años (edades 30-65)

Total de Efectivo Contribuido: $84,000

Mira los resultados cuando ambos inversores cumplan 65 años:

Investor	**Age Started**	**Total Contributed**	**Final Value at Age 65 (8% Return)**
You (Started at 16)	16	$24,000	$797,000
The Waiter (Started at 30)	30	$84,000	$437,000

Esta comparación es asombrosa. El inversor adolescente (Tú) contribuyó $60,000 menos en efectivo pero terminó con más de $360,000 más en riqueza que el adulto que esperó 14 años más para comenzar.

La diferencia es puramente el poder de la bola de nieve compuesta. Tus $24,000 tuvieron 14 años adicionales de crecimiento ininterrumpido, donde tus rendimientos iniciales comenzaron a ganar sus propios rendimientos, creciendo exponencialmente tu riqueza mientras aún estabas en la escuela secundaria o en la universidad.

Por eso comenzar temprano es el código de trampa definitivo: permite que una pequeña contribución constante supere masivamente a una contribución más grande y tardía. El tiempo es tu mejor amigo.

EXPUESTO: LAS 3 MENTIRAS MÁS GRANDES QUE MANTIENEN AL 99% DE LOS ADOLESCENTES FUERA DE LA INVERSIÓN (CONSEJO: NO NECESITAS $1,000 O UN TÍTULO)

Si invertir es tan simple y las matemáticas son tan claras, ¿por qué no están invirtiendo todos los adolescentes? Porque les han alimentado un conjunto de mentiras persistentes perpetuadas por películas de Hollywood y confusas noticias financieras. Vamos a desmantelar los tres mitos más dañinos ahora mismo.

MENTIRA #1: NECESITO MILES DE DÓLARES PARA COMENZAR

Esto podría haber sido cierto en 1985, pero es pura ficción hoy. En el pasado, a menudo necesitabas suficiente efectivo para comprar al menos una acción completa, y las acciones de empresas como Amazon o Google pueden costar cientos o incluso miles de dólares.

La Verdad: Gracias a las plataformas de corretaje modernas (que cubriremos en el Capítulo 3), ahora puedes comprar Acciones Fraccionadas. Esto significa que si solo tienes $10, puedes comprar 0.01 acciones de Google. Si tienes $25, puedes distribuir ese dinero entre diez empresas diferentes.

Comenzar con $10 por semana es infinitamente mejor que esperar hasta tener $1,000 para invertir. Recuerda la bola de nieve compuesta: la consistencia y el tiempo superan siempre al tamaño inicial. Tu objetivo en este momento es establecer el hábito de invertir, no convertirte en un millonario de la noche a la mañana.

MENTIRA #2: NECESITO UN TÍTULO EN ECONOMÍA O SER UN GENIO DE LAS FINANZAS

La imagen de un corredor de bolsa sudoroso y gritando en Wall Street es lo que la mayoría de la gente asocia con invertir. Esta percepción lleva a los jóvenes a creer que necesitan ser prodigios matemáticos que pasan ocho horas al día analizando estados financieros complejos.

La Verdad: La estrategia más efectiva y confiable para la construcción de riqueza a largo plazo—la estrategia favorecida por multimillonarios como Warren Buffett—es increíblemente aburrida y simple: invierte consistentemente en fondos indexados de bajo costo.

Los fondos indexados (que detallaremos en el Capítulo 4) simplemente siguen el rendimiento del mercado en general, como el S&P 500. Cuando compras un fondo indexado, estás comprando una pequeña parte de las 500 empresas más grandes de Estados Unidos. No necesitas predecir cuál ganará; simplemente apuestas por toda la economía estadounidense.

Esta estrategia no requiere ningún conocimiento financiero. Requiere disciplina, paciencia y la capacidad de hacer clic en el botón "Comprar" cada mes. Si puedes aprobar una clase básica de álgebra, ya estás más que calificado para las matemáticas necesarias para tener éxito en la inversión a largo plazo.

MENTIRA #3: NECESITO EL PERMISO DE MIS PADRES PARA CADA PASO

Dado que eres menor de edad (menor de 18 o 21, dependiendo del estado), no puedes firmar legalmente un contrato para abrir una cuenta de corretaje por tu cuenta. Este hecho lleva a menudo a los adolescentes a creer que están completamente excluidos del mundo de la inversión.

LA VERDAD: NECESITAS UNA CUENTA DE CUSTODIA, ESPECÍFICAMENTE UNA CUENTA UTMA O UGMA (LEY DE TRANSFERENCIAS UNIFORMES A MENORES / LEY DE REGALOS UNIFORMES A MENORES).

En términos simples, un adulto (generalmente un padre o tutor, conocido como el custodio) abre la cuenta por ti. Ellos manejan legalmente la cuenta hasta que alcances la mayoría de edad (generalmente 18 o 21). Sin embargo, el dinero legalmente te pertenece a ti, el menor.

Si bien necesitas a un adulto para manejar la documentación inicial y la supervisión legal, ellos son simplemente la puerta de entrada. Tú eres el propietario beneficiario, y puedes, y absolutamente debes, ser quien tome las decisiones de inversión y aprenda a navegar por los mercados. Este libro proporciona el plan para tomar decisiones informadas para que tus padres puedan firmar los documentos con confianza y dejarte liderar las decisiones de inversión.

La Lista de Deseos del Inversor: Cómo Financiar Ese PC de Juegos, Universidad o Futuro Mansión (El Mecanismo de Establecimiento de Objetivos)

Antes de que comiences a hacer clic en "Comprar", necesitas un destino. Invertir sin objetivos es como conducir sin GPS: quemarás combustible y no llegarás a ningún lugar específico.

Establecer objetivos es la base para convertir ese difícil concepto de "gratificación diferida" en una realidad alcanzable. La gratificación diferida no se trata de negarte el placer para siempre; se trata de posponer un pequeño placer inmediato (como un gasto de $20 en un juego) por una recompensa futura mucho más grande y significativa (como financiar un año sabático en el extranjero).

Tus objetivos financieros dictarán directamente cómo inviertes—específicamente, cuánto riesgo deberías asumir. Clasificamos los objetivos según horizontes de tiempo:

1. Objetivos a Corto Plazo (1-3 años):

Estas son cosas que deseas pronto, como comprar un PC de juegos de gama alta, financiar un pago inicial de un coche, o viajar después de la graduación. Dado que el horizonte temporal es corto, tu dinero no tiene suficiente tiempo para recuperarse de una gran caída del mercado.

Estrategia: Mantén este dinero seguro. Usa cuentas de ahorro de alto rendimiento o Certificados de Depósito (CDs). No inviertas este dinero en el volátil mercado de valores.

2. Objetivos a Medio Plazo (3-10 años):

Esto generalmente se centra en la matrícula universitaria, pagar certificaciones, o ahorrar para el depósito inicial de una propiedad. Dado que tienes algunos años, tu dinero puede permitirse un riesgo moderado, pero aún necesita un camino relativamente estable.

Estrategia: Una mezcla de seguridad y crecimiento. Quizás 50% en inversiones conservadoras (como bonos, detallados en el Capítulo 4) y 50% en fondos indexados de mercado amplio.

3. Metas a Largo Plazo (10+ años):

Esta es la grande: independencia financiera, jubilación y acumulación masiva de riqueza. Dado que tienes décadas para que el efecto de la capitalización funcione, tienes una capacidad increíble para asumir riesgos. Las caídas del mercado son irrelevantes en este marco de tiempo.

Estrategia: Sé agresivo. Del 80% al 100% en inversiones enfocadas en crecimiento (acciones y fondos indexados de bajo costo). Aquí es donde la magia de la capitalización ofrece sus mayores rendimientos.

Tu Primera Tarea: Escribe tus Metas

Toma un bolígrafo y papel o abre una nota en tu teléfono. Escribe una meta para cada categoría y asigna una cantidad en dólares y un cronograma.

Ejemplo:

Corto Plazo: $1,500 para una nueva tarjeta gráfica para julio de 2026.

Medio Plazo: $15,000 para un fondo de universidad/viajes para agosto de 2030.

Largo Plazo: Independencia financiera a los 45 años (Meta: $1,000,000).

Ahora, cada vez que estés a punto de gastar dinero de manera impulsiva, puedes hacer un rápido análisis de costo-beneficio: ¿Esta soda y bocadillo de $20 me hacen más feliz que dar un pequeño paso más cerca de ese fondo universitario de $15,000?

Al vincular cada decisión de inversión a una meta poderosa y concreta, transformas la idea abstracta de "hacerse rico algún día" en un plan concreto e inspirador. Ahora has dominado la mentalidad. En el próximo capítulo, pondremos esa mentalidad a trabajar averiguando de dónde vendrá tu dinero inicial de inversión.

REVELADO: EL ÚNICO CAMBIO DE MENTALIDAD SECRETO QUE SEPARA A LOS CONSUMIDORES DE LOS MILLONARIOS

Comencemos con una verdad brutal: te han entrenado toda tu vida para ser un excelente consumidor.

Piénsalo. Desde el momento en que viste tu primer comercial de un juguete o miraste a un YouTuber recomendar un gadget, tu cerebro ha sido programado para gastar dinero. ¡Y eres bueno en eso! Cuando compras las zapatillas más nuevas, transmites la serie más reciente o recoges una comida rápida, estás cumpliendo con tu papel como el consumidor ideal. Entregas tu dinero ganado con esfuerzo, y esos dólares desaparecen para siempre.

En esta dinámica clásica, siempre eres tú quien paga.

El cambio de mentalidad fundamental y no negociable que separa a aquellos que luchan financieramente de los que construyen una riqueza seria es este: debes hacer la transición de ser principalmente un Consumidor a ser principalmente un Propietario.

¿Cómo se ve eso en la práctica?

La Mentalidad del Consumidor ve el dinero como algo a gastar, o en el mejor de los casos, algo para ahorrar para compras a corto plazo. Piensan: "Tengo $500, lo mantendré en mi cuenta corriente para poder comprar esos boletos de concierto más tarde."

La Mentalidad del Propietario ve el dinero como Unidades de Recursos que deben ser asignadas de inmediato a un trabajo: generar más Unidades de Recursos. Piensan: "Tengo $500, pondré $400 en una cuenta de inversión para que me compre boletos de concierto cada año utilizando las ganancias que genera."

La diferencia no está solo en cómo gastas; está en cómo ves el dinero que no gastas.

El Mito del Dinero Debajo del Colchón

Cuando te pagan por un trabajo o recibes un generoso regalo de cumpleaños, el instinto más común de un principiante es ahorrar el efectivo. Podrías meterlo en una alcancía, dejarlo en una cuenta de ahorros de bajo interés, o, Dios no lo quiera, ponerlo bajo tu colchón.

Esta estrategia es un camino garantizado hacia la pérdida de dinero.

¿Espera, qué? ¿Cómo puedes perder dinero si no lo has gastado?

Conoce a tu enemigo financiero: la Inflación.

La inflación es el pequeño ladrón sigiloso que disminuye constantemente el poder adquisitivo de tu dinero. Significa que el costo de todo—from un galón de leche hasta el nuevo iPhone—aumenta con el tiempo. Si mantienes $1,000 en efectivo durante diez años, todavía dice $1,000, pero debido a que los precios aumentaron un 3% cada año, esos mil dólares ahora compran significativamente menos de lo que hacían hace una década. Ha disminuido en valor, aunque el número no ha cambiado. Tu cuenta de ahorros podría darte un interés del 0.1%, lo que es como intentar apagar un incendio forestal con un pistón de agua.

El Consumidor ahorra efectivo y observa cómo su valor se erosiona.

El Propietario compra activos y observa cómo su valor crece más rápido que la inflación.

La Clave del Reino: Propiedad

Cuando inviertes, esencialmente estás comprando una pequeña porción de propiedad en una empresa real y funcional. No solo estás comprando el nuevo iPhone; estás comprando una pequeña parte de Apple, Inc.

Este es el motor de la creación de riqueza. Cuando compras una acción o un fondo, estás haciendo tres cosas poderosas:

1. Estás poniendo tu dinero a trabajar. En lugar de estar estancado, tu dinero ahora está financiando activamente la innovación, la producción y el marketing en empresas que generan ganancias reales.

2. Te beneficias del crecimiento. Si Apple vende más iPhones y sus ganancias aumentan, el valor de la acción que posees aumenta. Tu dinero gana más dinero, y no has levantado un dedo.

3. Te pagan por ser el jefe. Muchas empresas maduras distribuyen una parte de sus ganancias directamente a los propietarios en forma de dividendos. Esto es esencialmente flujo de efectivo gratuito que ingresa a tu cuenta, y puedes reinvertirlo para comprar más propiedad.

El consumidor entrega su dinero y recibe un producto a cambio. El propietario entrega su dinero (temporalmente, a cambio de una acción) y recibe una parte de las ganancias y el crecimiento futuros a cambio.

Este cambio—de pensar en ti mismo como un usuario de cosas a ser un copropietario de los negocios más exitosos del mundo—es el secreto más importante que las personas de alto patrimonio comprendieron desde el principio. Ahora, tú también lo entiendes. Todo en esta guía está diseñado para ayudarte a ejecutar este secreto de manera efectiva.

EL EFECTO BOLA DE NIEVE: CÓMO TUS PRIMEROS $100 PUEDEN CONVERTIRSE EN $10,000 MIENTRAS DUERMES

Si has escuchado algún consejo financiero que suena como magia, probablemente fue sobre el interés compuesto. No es magia, pero es la herramienta más poderosa en el universo del dinero. De hecho, Albert Einstein a veces es citado diciendo que el interés compuesto es la "octava maravilla del mundo."

Aquí está el secreto: El interés compuesto es simplemente ganar rendimientos sobre tus rendimientos.

Piénsalo como una pequeña bola de nieve perfectamente redonda que colocas en la parte superior de una larga colina nevada.

Cuando comienzas, la bola de nieve (tu inversión inicial, tal vez $100) es pequeña. A medida que rueda hacia abajo, recoge nieve (esa nieve representa los intereses o rendimientos que ganas). Al principio, el crecimiento es lento, apenas notable. Después de los primeros 100 pies, tu bola de nieve es tal vez el doble de su tamaño original.

Pero aquí es donde entran en juego las leyes de la física de la capitalización: los próximos 100 pies son más fáciles porque la bola de nieve ahora está rodando con una superficie mayor. Recoge nieve más rápido. Cuando llega al fondo de la colina, no solo es grande; es masiva, tal vez más alta que tú.

Crucialmente, no solo creció al añadir nieve nueva; creció porque la nieve que recolectó antes comenzó a recoger incluso más nieve. Tu dinero está haciendo lo mismo. Ganas interés sobre tu depósito original, y luego ganas interés sobre ese interés. Pones $100, ganas $10, y ahora tu cuenta está ganando dinero sobre $110, no solo sobre $100. Ese es el efecto bola de nieve, y el tiempo es la longitud de la colina.

La hermosa realidad de la capitalización es que el tamaño de tu inversión inicial importa mucho menos que la cantidad de tiempo que le das a esa bola de nieve para rodar.

La ventaja temporal que posees ahora, como inversionista joven, vale literalmente cientos de miles de dólares. Demostremos esto.

La Diferencia de $500,000: Por Qué Diez Años Importan

Imagina a dos amigos, ambos con la meta de retirarse a los 65. Ambos son inteligentes, disciplinados y se comprometen a invertir $200 cada mes (o $2,400 por año). Supondremos un retorno histórico promedio del 10%—lo cual es típico para una inversión a largo plazo en el mercado de valores.

Inversor A: El Madrugador de 16 Años

Comienza a invertir a los 16 años.

Contribuye $200 por mes hasta los 65 años (49 años de capitalización).

Total de dinero contribuido: $117,600.

Huevo de Nido Final a los 65: Aproximadamente $2,875,000.

Inversor B: El Tardío de 26 Años

Comienza a invertir a los 26 años.

Contribuye $200 por mes hasta los 65 años (39 años de capitalización).

Total de dinero contribuido: $93,600.

Huevo de Nido Final a los 65: Aproximadamente $1,090,000.

Mira de cerca los números. El inversor A, de 16 años, aportó solo $24,000 más en su vida (solo $200 al mes durante 10 años adicionales). Pero, debido a que le dio a su dinero diez años adicionales para crecer en la colina del interés compuesto, terminó con $1,785,000 más que su amigo que esperó una sola década.

Si dibujáramos un gráfico, la diferencia se parecería a un stick de hockey:

1. Edades 16-26: La línea del inversor A sube lentamente. Está ganando, pero el crecimiento es pequeño. El inversor B permanece plano.

2. Edades 26-45: Ambas líneas comienzan a moverse hacia arriba, pero la línea del inversor A es visiblemente más alta.

3. Edades 45-65: La línea del inversor A se dispara casi verticalmente. La brecha entre los dos inversores se convierte en un abismo. Aquí es donde el interés compuesto realmente se acelera, y el inversor A está ganando cientos de miles de dólares simplemente por los intereses que generaron sus inversiones tempranas.

Este es el pilar central de por qué comenzar joven es el código de truco definitivo. No necesitas una gran pila de dinero; necesitas tiempo. Tu primer $100, invertido hoy, valdrá probablemente mucho más a los 65 años que los $1,000 que inviertas cuando tengas 40, porque esos $100 iniciales tienen casi medio siglo para crecer.

Tu misión es hacer rodar esa pequeña bola de nieve ahora y alimentarla de manera consistente. El universo se encargará del crecimiento exponencial.

EXPUESTO: LAS 3 MENTIRAS MÁS GRANDES QUE MANTIENEN AL 99% DE LOS ADOLESCENTES FUERA DE LA INVERSIÓN (PISTA: NO NECESITAS $1,000 NI UN TÍTULO UNIVERSITARIO)

Si has escuchado que invertir es demasiado complicado, costoso o arriesgado para un adolescente, has estado escuchando las viejas reglas obsoletas de las finanzas. Estos son los tres mayores mitos perpetuados por personas que o no invierten ellas mismas o que empezaron hace 30 años cuando las reglas eran totalmente diferentes.

Es hora de exponerlas.

MENTIRA #1: Necesitas Miles de Dólares para Comenzar

Esta es quizás la mentira más persistente y frustrante. Hace generaciones, si querías comprar una sola acción de una gran empresa como Amazon o Google, podrías necesitar cientos o incluso miles de dólares. Si empezabas con $50 de cortar césped, quedabas completamente excluido.

La Realidad: Puedes comenzar con $5.

La tecnología que alimenta tu cuenta de corretaje ha evolucionado más rápido que la reputación de Wall Street. Hoy, la característica revolucionaria para los inversores adolescentes es la invención de acciones fraccionarias.

¿Qué es una acción fraccionaria? Es exactamente lo que suena: un pequeño pedazo de una acción muy cara. En lugar de necesitar $3,000 por una acción completa de la Accion X, puedes decirle a tu corretaje: "Quiero comprar $10 de la Accion X." Te darán 0.0033 acciones. Aún obtienes el crecimiento, y tus $10 ahora están invertidos en una empresa de primer nivel.

Dado que la mayoría de las principales corredoras, amigables para adolescentes (que cubriremos en el Capítulo 3) ofrecen acciones fraccionarias y no tienen mínimos de cuenta, la barrera de entrada ha desaparecido por completo. Si tienes suficiente dinero para una pizza grande, tienes suficiente dinero para empezar a invertir. Tu enfoque debe ser la consistencia, no el tamaño del capital.

MENTIRA #2: Necesitas Ser un Genio de las Finanzas (o Tener un Título Universitario)

Las películas y los programas de televisión aman retratar a los inversores como magos de las matemáticas hiper-caficionados gritando jerga compleja a través de un piso de negociación. Esta imagen está diseñada para intimidar y hacerte sentir que, a menos que entiendas la diferencia entre EBITDA y CAPEX, no deberías ni intentarlo.

La Realidad: Tener éxito en las inversiones requiere disciplina y tiempo, no genialidad.

La verdad fundamental de la inversión exitosa es que la complejidad a menudo mata los rendimientos. La estrategia más simple y efectiva—la defendida por leyendas multimillonarias como Warren Buffett—es a menudo la más aburrida: comprar fondos de índice amplios y mantenerlos durante décadas.

No necesitas leer las noticias diarias o memorizar el ratio precio/ganancias (P/E) de cada acción. Simplemente necesitas entender algunos conceptos básicos (como la magia del interés compuesto, que discutimos antes) y confiar en el crecimiento a largo plazo de la economía global.

De hecho, ser un extraño suele ser una ventaja. Dado que no estás atascado en jergas complicadas, puedes concentrarte en los aspectos básicos:

1. ¿La empresa gana dinero?
2. ¿La gente seguirá usando este producto en 10 años?
3. ¿Es esta una tecnología necesaria?

Tú, como un joven consumidor experto en tecnología, tienes una ventaja sobre los analistas financieros de 50 años porque entiendes las tendencias actuales—las aplicaciones, las empresas de juegos, las plataformas de redes sociales—que están definiendo el futuro. No subestimes tu conocimiento como consumidor; es una herramienta de investigación poderosa (como discutiremos en el Capítulo 5).

MENTIRA #3: Necesitas el Permiso de Tus Padres para Cada Movimiento

Mientras seas menor de edad, la ley requiere que un adulto actúe como el custodio (administrador) de tu cuenta. Esto está diseñado para protegerte, pero muchos adolescentes malinterpretan esta regla para significar que no tienen ningún control sobre su dinero y que los padres deben ser consultados antes de cada compra de $25.

La Realidad: La cuenta es tuya, y tú eres el que toma decisiones.

Cuando abres una cuenta de custodia (como un UGMA o UTMA, que detallaremos más adelante), el dinero es legalmente tuyo, del menor. El adulto es simplemente el administrador hasta que cumplas 18 años (o 21, dependiendo del estado).

La mejor parte de las cuentas de custodia modernas es que están diseñadas para la educación. Muchas corredoras importantes permiten que el adolescente descargue la aplicación, realice la investigación y realice las operaciones de manera independiente. Por lo general, el custodio (padre o tutor) solo necesita aprobar la configuración inicial de la cuenta y quizás la transferencia de fondos.

Piénsalo como conducir. Tu padre podría estar en el asiento del pasajero, requerido por ley para estar allí, pero tú eres quien está al volante navegando el camino. Tu custodio está allí para supervisar, no para micromanejar.

Al comenzar ahora, demuestras madurez financiera y responsabilidad, lo cual generalmente conduce a una mayor confianza y autonomía de tus padres respecto a tus decisiones de inversión. La clave es demostrar que has hecho tu tarea. Y leer este libro es el primer paso para probar eso.

LA LISTA DE DESEOS DEL INVERSOR: CÓMO FINANCIAR ESA PC DE JUEGO, UNIVERSIDAD O FUTURO PALACIO (EL MECANISMO DE ESTABLECIMIENTO DE METAS)

La mayoría de las personas piensa que invertir se trata de elegir la compañía correcta. Eso es solo la mitad de la historia. El primer paso, el más crucial, es saber por qué estás invirtiendo. Sin un propósito específico, tu dinero es solo efectivo perezoso esperando un tentempié. Cuando le das a tus dólares una misión, comienzan a trabajar como pequeños empleados enfocados.

Esta es tu Lista de Deseos del Inversor, y será la brújula que dictará exactamente cuán arriesgadas (o seguras) deben ser tus inversiones.

El mecanismo central es simple: cuanto más corto sea el tiempo hasta que necesites el dinero, más seguro debe ser ese dinero. Cuanto más largo sea el horizonte temporal, más riesgo (y potencial recompensa) puedes asumir.

Desglosemos tus metas en tres áreas esenciales.

La Meta de 1 a 3 Años: El Efectivo "Que Debo Tener Pronto"

Estos son tus deseos inmediatos—las cosas que quieres comprar mientras todavía vives bajo el techo de otra persona.

Ejemplos:

1. Un monitor de juegos 4K de última generación o una nueva consola.

2. Un fondo específico para un automóvil (ahorrando para el pago inicial o el primer año de seguro).

3. Entradas para un festival de música en verano o un viaje internacional específico.

La Estrategia: La Seguridad Primero.

Si necesitas dinero dentro de los próximos tres años, el mercado de valores es demasiado volátil. Imagina poner $1,500 en esa nueva configuración de juegos, solo para que el mercado caiga un 20% justo antes de que planeabas comprarlo. Invertir para un objetivo a corto plazo como este es apostar. No puedes arriesgar perder la cantidad principal.

Nivel de Riesgo: Ultra-Bajo.

Para estos objetivos, te enfocas en la preservación del capital y la liquidez. Este dinero debe estar en una cuenta de ahorros de alto rendimiento o en un Certificado de Depósito (CD). El crecimiento será lento, pero está garantizado. Es aburrido, pero cumple su función sin arriesgar tu lista de deseos inmediata.

La Meta de 3 a 7 Años: El Objetivo a Mediano Plazo

Esta categoría incluye gastos más grandes y fundamentales de la vida que todavía son visibles en el horizonte.

Ejemplos:

1. Financiar los primeros dos años de matrícula universitaria o vivienda.

2. Comprar tu primer auto usado confiable de inmediato.

3. Capital inicial para un pequeño emprendimiento tras la graduación.

La estrategia: Crecimiento equilibrado.

Dado que tienes unos años para que el dinero se recupere de cualquier caída repentina del mercado, puedes permitirte comenzar a introducir riesgo en las inversiones. La volatilidad del mercado de acciones tiende a suavizarse en un período de tres a siete años, lo que convierte este en el territorio perfecto para tus primeras inversiones.

Nivel de riesgo: Moderado.

Para este dinero, puedes usar una asignación 60/40. Esto significa que el 60% del dinero se enfoca en el crecimiento (invertido en fondos amplios y diversificados como el S&P 500), y el 40% se mantiene en activos más seguros y estables (como bonos o equivalentes en efectivo). Si el mercado tropieza, los activos estables proporcionan un colchón. Si el mercado se dispara, los activos de crecimiento capturan la ventaja. Esta es la zona de compromiso.

La meta de 7+ años: La máquina de libertad (Tu verdadero horizonte de inversión)

Este es el gran juego. Estos son los objetivos vinculados a la libertad financiera futura, a décadas de distancia. Este es el dinero que debes tratar como intocable hasta que estés bien entrada en la adultez. Aquí es donde la magia del interés compuesto trabaja con más fuerza.

Ejemplos:

1. Jubilación (Sí, empieza a pensarlo ahora—serás millonario antes de que tus amigos comiencen a leer este capítulo).

2. Pago inicial para una futura casa o "mansión".

3. Financiar un año sabático de experiencias de viaje después de la universidad.

4. Futuras fuentes de ingresos pasivos.

La estrategia: Crecimiento máximo.

Cuando tienes 16 años, te quedan 40 o 50 años hasta la jubilación. Una caída del mercado que ocurra hoy será un pequeño y irrelevante bache en tu gráfico financiero dentro de treinta años. Debido a que tienes tiempo de tu lado, puedes aceptar activos de alto crecimiento que son más arriesgados, pero que a la larga son más recompensantes.

Nivel de riesgo: Agresivo.

El objetivo principal aquí es maximizar el crecimiento. Este dinero debe estar casi completamente invertido en acciones y fondos basados en acciones (de un 80% a un 100%). No debes entrar en pánico cuando el mercado caiga, porque cuando las acciones están en rebaja, estás comprando más acciones para el largo plazo.

Tu edad es tu código de trampa definitivo. Una persona de 50 años que está cerca de la jubilación no puede permitirse riesgos agresivos; necesita seguridad. Tú, sin embargo, puedes absorber golpes del mercado y beneficiarte enormemente cuando el mercado inevitablemente se recupere.

El mecanismo de fijación de objetivos en acción

Al establecer estos objetivos, creas cubos dedicados para tu dinero. Ya no solo estás depositando dinero en una cuenta; estás asignando recursos hacia misiones específicas.

Si ganas $100 esta semana de un trabajo secundario, no simplemente lo depositas todo en un solo lugar. Decides:

1. $20 va al cubo a corto plazo (para esos nuevos auriculares)—Ahorros de alto rendimiento.

2. $30 va al cubo a mediano plazo (fondo para el primer auto)—Inversión en fondos índice moderados.

3. $50 va al cubo a largo plazo (futura libertad)—Inversión agresiva en acciones/ETF.

Al entender la relación entre la línea de tiempo del objetivo y el nivel de riesgo inherente, te aseguras de que nunca tengas que vender un activo de crecimiento a un precio bajo solo para cubrir un gasto inmediato. Tu lista de deseos no es solo una lista de cosas que quieres; es el mapa para tu estrategia de inversión.

Capítulo 2: Dominio en la gestión de recursos: Tu embudo de flujo de caja explicado (Por qué rastrear $10 ahora te ahorra $10,000 después)

Si el Capítulo 1 trató de tener la mentalidad correcta, el Capítulo 2 se trata de asegurarte de que tu billetera esté lista para jugar.

La mayoría de las personas—incluidos los adultos—tratan el dinero como si fuera una sorpresa cuando la cuenta bancaria llega a cero. Tienen una idea general de cuánto ganan y una idea aún más borrosa de a dónde va todo. Este enfoque pasivo es la razón número uno por la que las personas no logran invertir. ¿Por qué? Porque no puedes desplegar recursos que no sabes que tienes.

Pense en tus finanzas personales como gestión estratégica de recursos, exactamente como en tu videojuego favorito. No comenzarías una gran misión sin revisar tu inventario, optimizar tu equipo y asegurarte de que tu barra de maná esté llena. Tu embudo de flujo de caja es tu medidor de recursos. Si gestionas eficientemente $10 hoy, identificando a dónde va ese pequeño billete de diez dólares, estarás construyendo el conjunto de habilidades que gestionará automáticamente $10,000 eficientemente mañana.

Antes de que incluso miremos un ticker de acciones, necesitamos localizar tu "Número de Excedente de Inversión". Vamos a hacer que rastrear tu dinero se sienta menos como tarea y más como descubrir botín oculto.

La fuga oculta: Identificar qué dólares están saboteando tu cuenta de inversión (y cómo taponar el agujero)

En el mundo de la riqueza, hay dos tipos de personas: aquellas que gestionan sus recursos y aquellas que dejan que sus recursos las gestionen.

Si estás esperando hasta el final del mes para ver si tienes dinero sobrante para invertir, ya estás perdiendo. Ese dinero sobrante suele ser cero, porque la naturaleza humana está diseñada para expandir el gasto para ajustarse al espacio disponible. Vamos a invertir eso. Vamos a crear intencionadamente un presupuesto de inversión primero.

Para hacerlo, necesitamos diagnosticar dónde está fluyendo tu dinero—y dónde se está filtrando.

Paso 1: Determina tus fuentes de ingresos (La entrada de recursos)

Como adolescente, tus ingresos probablemente caigan en una de estas dos categorías:

1. Efectivo Pasivo (La Asignación): Esto incluye la mesada, regalos en efectivo por cumpleaños y ingresos no gravables que recibes sin tener que fichar. Este ingreso es altamente flexible, lo que significa que un mayor porcentaje de este puede ir directamente a inversiones.

2. Ingresos Ganados (El Trabajo): Este es dinero de un trabajo, ya sea haciendo hamburguesas, cuidando niños, dando tutoría o construyendo sitios web. Este ingreso suele estar sujeto a impuestos (tocaremos ese tema más adelante) y es el motor de tu futura riqueza.

Anota cada dólar que entra en tu posesión durante el transcurso de un mes. Este es tu Ingreso Bruto.

Paso 2: Rastrear los Gastos (La Fuga de Recursos)

Esta es la parte incómoda pero necesaria. Durante treinta días—solo treinta días—necesitas rastrear cada dólar que sale de tus manos. Si gastas $4.50 en un café, rastrealo. Si gastas $80 en V-bucks, rastrealo.

Rastrear no significa juzgar. Significa diagnosticar. No estás haciendo esto para sentirte mal por las cosas divertidas que compraste; lo haces para entender tus hábitos de gasto básicos.

La forma más fácil de rastrear esto suele ser a través de una aplicación bancaria que clasifica tus gastos automáticamente, o simplemente tomando una foto rápida de cada recibo y registrándolo en una aplicación de notas o en una hoja de cálculo cada noche. Si usas efectivo con frecuencia, debes anotarlo manualmente.

Después del período de rastreo de 30 días, observa las categorías:

Categoría A: Costos Fijos/No Negociables. (Tal vez una factura de teléfono mensual, pase de autobús o contribución para el internet familiar).

Categoría B: Discrecionarios/Deseos. (Entrega de comida, comidas rápidas, ropa, suscripciones de entretenimiento, juegos).

Categoría C: Ahorros/Inversión. (Esperemos que cero ahora mismo, pero estamos a punto de cambiar eso.)

Paso 3: Taponar la fuga oculta y encontrar tu excedente

La mayoría de las personas encuentran que entre el 20% y el 40% de su gasto cae en la Categoría B (Deseos) y a menudo implica pequeñas compras repetidas que se acumulan—la "Fuga Oculta."

Quizás gastes $7 al día, cinco días a la semana, en una bebida de café especial. Eso son $35 a la semana, o $140 al mes. Esos $140 no son solo $140. Si hubieras invertido esos $140 mensuales desde los 16 años hasta los 65 años, obteniendo un retorno promedio estándar del 8%, ese hábito de café le costó a tu yo futuro aproximadamente $800,000.

Al identificar y reducir solo una pequeña fuga oculta, ahora has encontrado tu Número de Excedente de Inversión. Esta es la cantidad mínima que se garantiza que tendrás disponible cada mes para financiar tu cartera.

El truco del presupuesto de 5 minutos™: Cómo controlar tus gastos sin sentirte pobre

Cuando la mayoría de las personas escucha la palabra "presupuesto," imagina una tarea restrictiva y que mata la alegría. Se imaginan comiendo tostadas secas y cancelando su suscripción a Netflix. Vamos a cambiar esa narrativa.

Hacer un presupuesto no es privación; es permiso. Es un permiso para gastar dinero en cosas que importan, porque ya te ocupaste de las cosas que más importan—tu futuro.

Nuestra meta es implementar un sistema de alto impacto y bajo mantenimiento. Lo llamamos el Hack del Presupuesto de 5 Minutos™ porque debería tomar un tiempo mínimo y cero esfuerzo una vez configurado.

LA REMIX DE LA REGLA 50/30/20 PARA ADOLESCENTES

Puede que hayas oído hablar de la clásica regla 50/30/20. La estamos adaptando porque tu vida financiera en este momento es más simple que la de un adulto que paga alquiler e hipotecas.

El objetivo es clasificar tu Ingreso Bruto inmediatamente después de recibirlo:

1. 20% para el Futuro Yo (Inversión y Ahorros a Largo Plazo): Este es el fondo más importante. Este dinero es intocable y va directamente a tu portafolio a largo plazo.

2. 30% para Metas a Corto Plazo (Ahorros para Deseos): Este es el fondo para tu pró-

xima gran compra: boletos para un concierto, una nueva consola de videojuegos o un viaje de primavera. Este dinero permanece en una cuenta de ahorros de fácil acceso, y es lo que evita que toques tu fondo de inversión del 20%.

3. 50% para Gastos/Discrecional: Esto cubre todos tus gastos inmediatos necesarios y el "dinero para diversión" sin culpa del mes. Esto incluye gasolina, pequeñas contribuciones familiares y salidas diarias a comida rápida.

¿Por qué funciona esto? Porque pre-inviertes el dinero antes de que incluso lo veas. Lo que quede en el fondo del 50% es tuyo para gastar sin remordimientos. Si lo gastas todo en pizza en la primera semana, ¡está bien! Tus inversiones siguen seguras, y solo tienes que administrar sin gastar extra durante las próximas tres semanas. Esta es la definición de control.

IMPLEMENTANDO EL HACK CON TECNOLOGÍA

Dado que eres nativo digital, los libros de contabilidad manuales son una pérdida de tiempo. Utiliza estas herramientas modernas.

Categorización en la App Bancaria: La mayoría de las cuentas bancarias modernas categoriza automáticamente tus gastos (comida, entretenimiento, facturas). Usa estas funciones integradas para monitorear rápidamente tus gastos en la categoría del 50%.

Automatización de Notas: Usa una simple aplicación de Notas en tu teléfono. Cada día, haz una entrada rápida de tus gastos. No necesitas software elegante; la consistencia supera la complejidad.

Sistema de Sobres/Tarros (Edición Digital): Establece cuentas bancarias separadas o carpetas de ahorros (si tu banco lo permite) etiquetadas como "Inversión", "Fondo para PC de Juegos" y "Gastos". Cuando tu ingreso llegue, transfiere manual o automáticamente primero el 20% y el 30%. Esto crea una separación visual, asegurando que el dinero sea psicológicamente intocable.

ADVERTENCIA: EL 'VIRUS DE INTERESES' QUE MATA INSTANTÁNEAMENTE EL INTERÉS COMPUESTO (Y CÓMO INMUNIZAR TUS FINANZAS)

En el Capítulo 1, celebramos la magia del interés compuesto—ese maravilloso motor que hace que el dinero crezca exponencialmente mientras duermes.

La deuda es la imagen reflejada del interés compuesto. La deuda es un compuesto inverso. Es el "Virus de Intereses" que trabaja incansablemente en tu contra, asegurando que pagues más por todo y que tu dinero se reduzca mientras duermes.

Para tener éxito en las inversiones, debes adoptar una regla fundamental: Evita la deuda de alto interés como si fuera veneno literal.

Buena Deuda vs. Mala Deuda

No toda deuda es automáticamente malvada, aunque como adolescente, tu exposición debería ser mínima.

Buena Deuda (El Acelerador): Esta es la deuda utilizada para adquirir activos que aprecian o aumentan tu capacidad de ganar a largo plazo (por ejemplo, préstamos estudiantiles para un grado de alto valor, una hipoteca razonable para comprar una casa).

Mala Deuda (El Destructor): Esta es la deuda utilizada para comprar pasivos consumibles—cosas que pierden valor de inmediato (por ejemplo, deuda de tarjeta de crédito de alto interés, préstamos de día de pago, comprar un activo en depreciación como un automóvil con financiamiento caro).

El peligro más inmediato para un joven inversor es la deuda de consumo de alto interés. Aunque la deuda de tarjeta de crédito tradicional puede ser menos común para menores, el principio se aplica a cualquier préstamo de alto costo. Esto puede manifestarse como:

1. Aplicaciones de "Compra Ahora, Paga Después": Estas a menudo atraen a los usuarios con cero intereses, pero si te pierdes un pago, las tarifas y tasas de interés pueden dispararse y volverse depredadoras.

2. Tarifas por Retraso y Descubiertos: Los bancos cobran enormes penalizaciones por pequeños errores. Estas tarifas de $35 son esencialmente préstamos de alto interés que roban directamente de tu potencial fondo de inversión.

3. Pedir Prestado a Amigos/Familia a Tasas Punitivas: Si pides prestados $100 y tienes que devolver $120 la próxima semana, ¡esa es una tasa de interés del 20% en siete días!

Por qué la Deuda Mata Tu Potencial de Inversión

Si tu inversión gana un 8% anualmente, pero llevas deuda de consumo que cuesta un 18% anualmente, estás perdiendo dinero en general. Debes pagar esa deuda del 18% antes de poder realizar la ganancia del 8%.

Protocolo de Inmunización: Prioriza Cero Deuda

Si actualmente tienes alguna deuda de alto interés (sin incluir un pago responsable de automóvil o préstamo estudiantil), tu primera prioridad no es invertir. Tu primera prioridad es eliminar esa deuda.

Piénsalo de esta manera: Pagar deuda con una tasa de interés del 18% equivale a hacer una inversión que garantiza un retorno del 18% libre de impuestos—algo que nunca encontrarás en el mercado de valores. Deshazte del virus antes de comenzar a construir. Una vez que la deuda esté cero, tu dinero está ahora inmunizado y listo para ser utilizado para el crecimiento.

EL MANDATO DE "PÁGATE A TI MISMO PRIMERO": LA ÚNICA REGLA QUE TE FUERZA A ENRIQUECERTE

Hemos encontrado el dinero escondido (el superávit), lo hemos presupuestado (la regla 50/30/20), y lo hemos inmunizado contra el Virus de Intereses (evitando la deuda). Ahora, ejecutamos la última regla fundamental: El Mandato de Págate a Ti Mismo Primero.

Este es el principio que transforma a los ahorradores promedio en inversores consistentes.

La mayoría de las personas operan utilizando esta ecuación:

Ingresos - Gastos = Sobras (Ahorros/Inversión)

Como aprendimos, "Sobras" generalmente equivale a cero. La ecuación correcta para la creación garantizada de riqueza debe ser invertida:

Ingresos - Inversión = Gastos (Sobras)

Esto significa que cuando el dinero llega a tu cuenta, el 20% designado para inversión se mueve inmediatamente al fondo de inversión, independientemente de los gastos venideros. Solo el 80% restante está disponible para tu estilo de vida.

Definiendo los Fondos: Ahorros vs. Inversión

Aunque tanto el ahorro como la inversión implican reservar dinero, sirven a propósitos fundamentalmente diferentes en función de su cronología y nivel de seguridad.

El Fondo de Ahorros (La Reserva de Emergencia)

Propósito: Seguridad, liquidez y metas a corto plazo (menos de 5 años).

Objetivo: Mantener efectivo líquido para verdaderas emergencias (un teléfono roto, problemas con el automóvil, facturas inesperadas) o compras a corto plazo (la PC de juegos).

Ubicación: Una cuenta de ahorros de alto rendimiento (HYSA). La tasa de crecimiento es baja (quizás 4-5%), pero el riesgo es cero. Este dinero está protegido de caídas del mercado.

Mandato: Deberías tratar de construir un fondo de emergencia equivalente a uno a tres meses de tus gastos necesarios. Dado que los adolescentes suelen tener gastos fijos más bajos, incluso $500 a $1,000 puede servir como un sólido escudo.

El Fondo de Inversión (El Motor de la Riqueza)

Propósito: Crecimiento, compuesto y libertad financiera a largo plazo (más de 5 años).

Objetivo: Acumular activos que generen retornos (acciones, fondos).

Ubicación: Tu cuenta de corretaje (Capítulo 3).

Mandato: Este dinero se asigna a activos de mayor riesgo y mayor rendimiento y se espera que permanezca allí durante décadas.

¿Por qué es esto crucial? Si no tienes una red de seguridad de ahorros, en el momento en que la vida te lance un golpe bajo, te verás obligado a vender tus inversiones en el momento equivocado (probablemente cuando el mercado está a la baja) para cubrir el gasto. El fondo de ahorros actúa como el escudo de hierro que protege tu portafolio.

Al implementar el Mandato de Págate a Ti Mismo Primero, básicamente estás haciendo un contrato inquebrantable con tu futuro yo. Estás aprovechando sistemas—no fuerza de voluntad—para garantizar que el dinero esté trabajando para ti, cada vez que te pagan. Has optimizado tu embudo de gestión de recursos y estás listo para pasar al siguiente paso práctico: abrir la cuenta donde tu capital recién encontrado comenzará a generar interés compuesto.

LA FUGA ESCONDIDA: IDENTIFICANDO QUÉ DÓLARES ESTÁN SABOTEANDO TU CUENTA DE INVERSIÓN (Y CÓMO TAPAR EL HUECO)

Si estás listo para convertirte en inversor, el primer paso no es abrir una cuenta de corretaje—es realizar una auditoría forense en tu propia billetera.

Piense en su flujo de efectivo como un sistema de plomería sofisticado. Si desea llenar el tanque de inversión, primero debe asegurarse de que la presión del agua sea buena y que no haya filtraciones ocultas y sigilosas que dejen escapar dólares sobre la acera.

Para la mayoría de los jóvenes, el dinero entra al sistema a través de dos tuberías muy distintas. Comprender de qué tubería proviene su dinero es esencial, porque tendemos a tratarlas de manera diferente.

La primera tubería es su Ingreso Ganado. Esto es lo que intercambia por su tiempo y esfuerzo realmente. Si tiene un trabajo de medio tiempo cocinando hamburguesas, dando tutorías de geometría, programando sitios web o paseando perros, ese dinero se gana. Siente el peso de esto porque trabajó por ello. Generalmente es más cuidadoso con él, precisamente porque recuerda haberse levantado temprano un sábado para obtenerlo.

La segunda tubería es Efectivo Pasivo. Esto incluye su mesada semanal o mensual, los cheques de cumpleaños de la abuela, o los $50 que su papá le dio por limpiar el garaje. Este dinero a menudo se siente como "dinero gratis". Llega a sus manos sin el esfuerzo directo y reciente de un intercambio de tiempo.

Y aquí es donde comienza el sabotaje.

La fuga oculta en el 90% de las finanzas de los adolescentes es el Efectivo Pasivo.

Como se siente como un golpe de suerte, es el dinero más fácil de malgastar en compras impulsivas y de bajo valor. ¿Esos $20 de mesada extra? Desaparecen en tres lattes y una compra dentro de una aplicación que no recordará la próxima semana. ¿El cheque de cumpleaños de $100? Se evapora en un vago paseo de compras que lo deja con nada tangible y, ciertamente, nada invertido.

Cuando no rastrea el efectivo pasivo, mentalmente le asigna un valor cero. Nunca llega a la cuenta de ahorros, y ciertamente nunca llega a la cuenta de inversiones. Esta es la fuga de dólares que puede costarle decenas de miles en riqueza futura. Esos $100, si se invierten hoy y se capitalizan durante los próximos 40 años, valen mucho más que esa compra aleatoria del centro comercial.

Tapar el Hueco: Calcular Sus Recursos Invertibles

Para detener la fuga, debe tratar cada dólar—ganado o pasivo—con el mismo respeto y atención. Esto requiere combinar ambas corrientes y luego calcular su verdadero ingreso disponible para invertir

Paso 1: Sumar Su Ingreso Total

Sumar todo lo que recibe en un mes:

Salarios de su trabajo (Ganado)

Mesada (Pasivo)

Ingresos de trabajos ocasionales regulares (Ganado)

Cualquier otro regalo en efectivo o fuentes de ingreso regular (Pasivo)

Paso 2: Identificar Gastos No Negociables

Dado que probablemente vive bajo el techo de sus padres, sus gastos necesarios son mucho más bajos que los de un adulto, ¡lo cual es su gran ventaja! Estos gastos necesarios son los dólares que absolutamente deben salir de su cuenta para sobrevivir o cumplir compromisos básicos.

Factura del teléfono (si la paga)

Costos de gasolina/transporte

Dinero para el almuerzo/costos necesarios de alimentos

Pagos de deudas (si aplica, aunque lo ideal sería que esto sea cero, como se discutirá en el Capítulo 2.3)

Paso 3: Calcular el Ingreso Disponible

Total de Ingresos - Gastos No Negociables = Ingreso Disponible

Este número de Ingreso Disponible es la reserva de recursos sobre la cual tiene control total. Es el dinero que actualmente se divide entre inversiones, ahorros a corto plazo (como ahorrar para una nueva consola de juegos), y gastos de estilo de vida (dinero de diversión).

Este es el punto donde la mayoría de las personas falla. Esperan hasta el final del mes para ver lo que queda para invertir. Pero si espera hasta el final, nunca queda nada, porque la fuga oculta (gastos de consumo impulsivos) ya ha drenado el tanque.

El inversionista profesional, sin embargo, opera bajo el mandato de "Págate Primero" (-que cubriremos en detalle más adelante). La estrategia clave aquí es destinar inmediatamente una parte de ese Ingreso Disponible para invertir.

Digamos que su Ingreso Disponible es de $400 este mes. Antes de siquiera pensar en comprar un nuevo par de zapatos o mejorar su equipo, debería asignar $100 al "Fondo de Inversión." Este $100 ahora está fuera de discusión. Es un compromiso. Es el dólar que va hacia la compra de una participación en Apple, no solo otro par de AirPods.

Al reconocer que el efectivo pasivo y el ingreso ganado son igualmente valiosos y al calcular el monto total del que tiene control, se transforma de un consumidor pasivo en un gestor de recursos activo. No solo está rastreando su dinero; está desplegando estratégicamente sus activos para sabotear la pobreza de su futuro yo. La fuga está tapada. Ahora averigüemos cómo gestionar el flujo.

El Hack de Presupuesto de 5 Minutos™: Cómo Controlar Su Gasto Sin Sentirse Pobre

Si escucha la palabra "presupuesto" y visualiza instantáneamente a sus abuelos equilibrando un cheque mientras lucen tristes, no está solo. La mayoría de las personas trata el presupuesto como una prisión financiera—un conjunto de reglas diseñado únicamente para prevenir la alegría.

Pero cambiemos el guion. Hacer un presupuesto no se trata de privación; se trata de control. Es la diferencia entre conducir un automóvil con una pantalla de navegación clara versus conducir con los ojos vendados. Cuando sabe exactamente dónde están sus recursos, obtiene el poder de dirigirlos hacia lo que realmente quiere—ya sea una nueva PC para juegos el próximo mes o una cartera de inversiones masiva dentro de 15 años.

La forma tradicional y dolorosa de presupuestar ha muerto. Vamos a utilizar dos estrategias modernas y de bajo esfuerzo para automatizar su embudo de flujo de efectivo.

¿El objetivo? Pasar cinco minutos configurando el sistema, y luego dejar que el sistema haga el trabajo pesado.

1. El Rastreador Moderno: Aplicaciones Que Hacen Las Matemáticas Por Usted

Olvídese de cuadernos y hojas de cálculo. Necesita un sistema que rastree su dinero de manera pasiva. Dado que la mayoría de los adolescentes manejan mesadas, ingresos de trabajo de medio tiempo depositados directamente, o métodos de pago digitales como Venmo/Cash App, los datos ya son digitales.

El Poder de la Conciencia: No necesita cambiar drásticamente sus hábitos de gasto desde el Día 1. Solo necesita conocerlos. Rastrear es simplemente tomar inventario. Cuando ve en blanco y negro que gastó $60 en comida a domicilio la semana pasada, impacta de manera diferente que simplemente restarle importancia.

Su Plan Accionable de 2 Minutos:

1. Verifique Sus Estadísticas Bancarias/App: Muchas aplicaciones bancarias modernas (y aplicaciones de rastreo especializadas como Mint o YNAB, si su padre o madre custodio lo permite) pueden categorizar automáticamente su gasto. Mire los gráficos que generan. ¿Cuál es su categoría de gasto más grande además de lo esencial?

2. La Auditoría de Captura de Pantalla: Si no utiliza una aplicación bancaria, tómese tres minutos una vez a la semana para revisar su historial de transacciones por el método que utilice (tarjeta de débito, Apple Pay, etc.). Cree tres etiquetas simples:

Esencial: Facturas, gasolina, artículos necesarios para la escuela.

Diversión: Todo lo demás (Starbucks, películas, juegos).

Invertible: Lo que queda.

Este simple ejercicio de triaje le muestra instantáneamente dónde está la grasa: los dólares no esenciales que podrían estar trabajando para usted en su lugar.

2. La Regla 50/30/20: El Mandato de Inversión para Adolescentes

Una vez que sepa a dónde va su dinero, es hora de darle a cada nuevo dólar una misión. Este hack se basa en el principio probado y verdadero de 50/30/20, modificado específicamente para la estructura financiera de un adolescente donde el alquiler y las hipotecas no suelen ser un factor.

Su ingreso—ya sea ganado, regalado o mesada—es el 100%. Así es como lo divide estratégicamente:

A. 50% Esenciales y Metas a Corto Plazo (La Red de Seguridad)

Como es probable que no tenga cuentas de servicios públicos, esta categoría cubre sus responsabilidades financieras directas y deseos inmediatos y a corto plazo (cosas que planea comprar en los próximos meses).

Esenciales Fijos: Contribución para factura del teléfono, pases de autobús, gasolina para su coche, membresía de gimnasio.

Dinero de Reserva: Dinero para cubrir gastos necesarios inesperados.

Metas a Corto Plazo: Ahorrando para esa PS5, nueva tabla de snowboard o entradas para un concierto. Este fondo evita que agote su dinero de diversión o, peor aún, que tenga que recurrir a sus inversiones.

¿Por qué 50%? Porque tener un fondo saludable de efectivo accesible le evita sentirse restringido. Aún puede comprar lo que quiere, pero lo presupone deliberadamente.

B. 30% Diversión, Libertad y Gastos Sin Sentimiento de Culpa (La Zona de Alegría)

Esta es la categoría más importante para la salud psicológica. Este 30% es tu asignación para compras impulsivas, entretenimiento, comida rápida y salidas espontáneas.

La belleza de la regla 50/30/20 es que una vez que apartas tus Esenciales y tu Fondo Futuro (ver el siguiente punto), puedes gastar este 30% como quieras, completamente libre de culpa.

Esto elimina la carga mental de cuestionar constantemente cada pequeña compra. Si presupuestas $100 para divertirte esta semana y los gastas todos en pizza y una película, ¡está bien! Ya le has pagado a tu yo futuro, lo que nos lleva a la parte más crucial...

C. 20% El Mandato de Págate Primero (El Motor de Inversión)

Este es el mínimo no negociable. Cada dólar que ganes, los primeros 20 centavos deben destinarse a tu fondo futuro.

Este 20% debe dividirse entre dos categorías:

1. Fondo de Inversión: La mayor parte de este 20% va directamente a tu cuenta de corretaje, lista para ser invertida en acciones y fondos (como detallaremos en los Capítulos 6 y 7). Este es tu motor de riqueza.

2. Ahorros para Emergencias: Una porción más pequeña (quizás el 5% de tu ingreso total) debe constituir un pequeño fondo de emergencia líquido: dinero que puedes acceder inmediatamente si tu computadora portátil muere o tu auto se descompone. Esto protege tu cuenta de inversión para que no sea liquidada cuando surjan crisis menores.

El Cambio Estratégico: De Consumidor a Comandante

El Hackeo del Presupuesto de 5 Minutos™ transforma tu gasto de reactivo a proactivo. Al ganar $100, en lugar de dejar que se quede al azar en tu cuenta bancaria hasta que desaparezca, inmediatamente asignas:

$50 a necesidades/objetivos inmediatos.

$30 a gastos sin culpa.

$20 directamente en la cuenta de inversión.

Al configurar esto de inmediato, eliminas la tentación de gastar tu dinero de inversión. Estás aprovechando una verdad psicológica fundamental: No puedes gastar dinero que nunca ves.

Este sistema no te hace sentir pobre; te hace sentir poderoso. Ya no estás reaccionando a tu saldo bancario; estás comandando estratégicamente tus recursos, asegurando que tu yo presente disfrute de la vida mientras tu yo futuro se enriquece.

ADVERTENCIA: EL 'VIRUS DE INTERÉS' QUE MATA INSTANTÁNEAMENTE EL INTERÉS COMPUESTO (Y CÓMO INMUNIZAR TUS FINANZAS)

Imagina que el interés compuesto es tu superhéroe financiero, un motor poderoso que acelera tu dinero a lo largo del tiempo. Ahora imagina un organismo microscópico que entra en tu sistema y comienza a invertir ese motor, deteniendo tu progreso y exigiendo pago solo para detener la hemorragia.

Esa es la deuda de alto interés, o lo que llamamos el "Virus de Interés".

El mecanismo central de la construcción de riqueza para un joven inversionista es el interés compuesto. Sabemos que este motor suele funcionar a un ritmo confiable, generando quizás entre 7% y 10% de retornos anuales. El Virus de Interés es letal porque sus síntomas —las tasas de interés cobradas por la deuda de consumo—frecuentemente oscilan entre el 15% y el 30%.

Matemáticamente, si estás pagando un 20% de interés sobre una deuda, debes ganar más del 20% en tus inversiones solo para empatar. Esto no es invertir; es control de daños financieros, y mata instantáneamente el poder del interés compuesto. Si inviertes $100 y ganas $7 en un año, pero al mismo tiempo pagas $20 en intereses por un préstamo, no estás componiendo. Estás perdiendo dinero. Estás en un estado de interés compuesto negativo.

La única inmunización no negociable que se requiere antes de que consideres comprar tu primera acción es simple: liberarte de deudas, especialmente de deudas de consumo de alto interés.

La clave para prevenir esta infección es entender la diferencia entre buena deuda y mala deuda.

La Buena Deuda (El Impulsor de Inmunidad)

La buena deuda es aquella utilizada para adquirir un activo que genera ingresos o aumenta su valor a lo largo del tiempo. Es esencialmente una inversión en la riqueza futura.

Ejemplos (a menudo relevantes más adelante en la vida):

1. Hipotecas: Pedir dinero prestado para comprar bienes raíces que generalmente aprecian en valor y pueden generar ingresos por alquiler.

2. Préstamos para Educación: Pedir dinero prestado (a tasas razonables) para obtener un título o formación profesional que aumenta drásticamente tu potencial de ganancias a lo largo de la vida.

3. Préstamos Comerciales: Pedir capital prestado para lanzar o expandir un negocio legítimo que generará ganancias.

La buena deuda se caracteriza típicamente por una tasa de interés baja y por el hecho de que el artículo adquirido es un activo que aumenta su valor.

La Mala Deuda (El Virus)

La mala deuda es el dinero prestado para adquirir consumibles—cosas que rápidamente pierden valor (se deprecian) o se agotan. Esta deuda es destructiva porque a menudo viene con tasas de interés exorbitantes y te deja sin nada de valor una vez que el artículo se ha ido.

Para los adolescentes, la fuente principal de mala deuda podría no ser una tarjeta de crédito tradicional (aún), pero el principio es el mismo y toma muchas formas:

1. Financiamiento de Tiendas a Alto Interés: Financiar una nueva computadora portátil de juegos de $1,200 durante 12 meses, solo para descubrir que los intereses y tarifas elevan el precio final a $1,500. La computadora portátil ya está desactualizada para cuando la pagues.

2. Servicios de Compra Ahora, Paga Después (BNPL): Estos servicios populares, a menudo publicitados como sin interés, pueden cobrar enormes tarifas por demora o intereses desmesurados si se pierden los plazos de pago. Compraste esa chaqueta genial, y ahora cuesta un 40% más porque perdiste un plazo.

3. Préstamos Personales/Préstamo de Alto Interés: Incluso pedir prestados $50 a un amigo o un familiar que añade una gran tarifa de interés informal porque sabe que estás

desesperado. Nunca subestimes cuán rápidamente pequeñas obligaciones de alto interés pueden descarrilar tus planes.

La regla es simple: Si pides dinero prestado para comprar algo que consumirás o que perderá valor rápidamente, estás contrayendo el Virus de Interés.

El Plan de Inmunización: Cero Deuda, Máximo Interés Compuesto

Tu viaje de inversión comienza con una pizarra limpia. No puedes ganar el juego de la riqueza mientras pagas al banco o a un prestamista más intereses de los que generan tus inversiones.

La regla "Págate Primero" que discutiremos en la siguiente sección es condicional: La primera persona a la que debes pagar es a quien tenga tu deuda.

Por lo tanto, sigue esta jerarquía de eliminación de deudas:

Paso 1: El Desinfectante de Emergencia

Detén todas las compras no esenciales de inmediato. Calcula exactamente cuánto debes y a quién. Si la tasa de interés es superior al 10% (el rendimiento promedio del mercado de valores), esa deuda es tu enemigo financiero número uno inmediato.

Paso 2: La Estrategia de Bola de Nieve o Avalancha (La Cura)

Hay dos formas populares de eliminar deudas. El método "Bola de Nieve" implica pagar primero la deuda más pequeña para ganar impulso emocional. El método "Avalancha" implica atacar primero la deuda con la tasa de interés más alta, lo que ahorra más dinero matemáticamente. Como inversionista serio, debes elegir el método Avalancha para neutralizar la parte más potente del Virus de inmediato. Redirige todos los ingresos disponibles hacia esa deuda de alto interés.

Paso 3: El Estancamiento de Inversión

Hasta que toda la deuda de consumo de alto interés sea aniquilada, tu cuenta de inversión permanecerá mayormente vacía. Cada dólar extra que tengas debe destinarse a pagar esa deuda. Una vez que estés completamente inmunizado—lo que significa que tu balance personal esté limpio—entonces, y solo entonces, puede funcionar libre y poderosamente tu motor de interés compuesto.

Recuerda: El interés compuesto es magia cuando trabaja para ti. Es devastador cuando trabaja en tu contra, alimentado por el Virus de Interés. Evita la mala deuda y tu camino hacia la riqueza se vuelve infinitamente más fácil.

EL MANDATO 'PÁGATE PRIMERO': LA ÚNICA REGLA QUE TE OBLIGA A ENRIQUECERTE

HAS HECHO EL TRABAJO DURO DE RASTREAR TU FLUJO DE EFECTIVO E IDENTIFICAR de dónde proviene tu dinero y hacia dónde desaparece actualmente. Ahora, debemos instalar la actualización del sistema operativo que convierte un hábito esporádico en una máquina automatizada de riqueza. Este es el hábito más importante que jamás desarrollarás, y se llama el mandato "Págate Primero".

Para entender por qué esto es obligatorio, primero debemos definir dos roles separados para tu dinero. Piensa en tus finanzas como dos cubos completamente diferentes, cada uno cumpliendo un propósito vital.

El Alijo de Seguridad: Tu Cubo de Ahorros

Este cubo es para las cosas aburridas, las necesidades inmediatas y el casco financiero. Este dinero necesita ser completamente seguro y fácilmente accesible.

Rol: Fondos de emergencia, metas a corto plazo (cualquier cosa que necesites en los próximos 1 a 3 años).

Metas: Comprar esa consola de videojuegos de alta gama el próximo año, ahorrar para un coche, financiar tasas de solicitud universitaria, o tener efectivo listo para gastos inesperados (como reemplazar un portátil roto).

Ubicación: Cuentas de ahorros de alto rendimiento o fondos del mercado monetario. Seguro, líquido y aburrido—exactamente lo que quieres.

Propósito: Evitar que tengas que vender tus inversiones con pérdidas cuando la vida te lanza una curva.

El Motor de Crecimiento: Tu Cubo de Inversiones

Este es donde ocurre la magia. Este cubo es para la libertad financiera, la creación de riqueza a largo plazo y dejar que el interés compuesto haga su trabajo a lo largo de décadas.

Rol: Generación de riqueza a largo plazo (cualquier cosa que no necesitarás en 5+ años).

Metas: Financiar la jubilación, el pago inicial de una casa en tus veinte, o alcanzar la independencia financiera.

Ubicación: Tu cuenta de inversiones o custodial de corretaje (Capítulo 3).

Propósito: Generar rendimientos que superen la inflación y convertir tu efectivo sobrante en una fortuna.

El pecado capital que la mayoría de las personas comete es confundir estos dos cubos. Ponen su dinero de alquiler en el mercado de valores (¡demasiado arriesgado!) o dejan su riqueza a largo plazo en una cuenta de ahorros (¡crecimiento demasiado bajo!). Manténlos separados, mantén sus propósitos distintos.

El Mandato: Pagar a tu Yo Futuro

La regla de "Págate a Ti Mismo Primero" es simple pero revolucionaria. Dicta que las primeras personas que pagas cuando recibes ingresos eres tú y tu yo futuro.

La mayoría de las personas siguen el patrón estándar de consumo:

1. Recibir Pago (Asignación, Sueldo).
2. Pagar Facturas/Gastos (Teléfono, Gas, Comida, Streaming).
3. Comprar Cosas (Zapatos nuevos, juegos, snacks).
4. Si queda algo, tal vez ahorra o invierte.

Como aprendiste en el Capítulo 2, esperar hasta el paso cuatro garantiza que el dinero nunca esté allí. Cada dólar que ves es un dólar que te tienta a gastarlo.

El sistema "Págate a Ti Mismo Primero" invierte este guion:

1. Recibir Pago (Asignación, Sueldo).
2. Pagar a tu Yo Futuro (Transferencia de Inversión/Ahorros—esta es tu "factura" obligatoria).
3. Pagar Facturas/Gastos.
4. Comprar Cosas con los fondos restantes.

Al tratar tus ahorros e inversiones como gastos no negociables—igual que tu factura de teléfono o dinero para gas—te obligas a entrar en un patrón de creación de riqueza. La cantidad que destinas al consumo se reduce, pero el beneficio financiero para tu yo futuro se maximiza.

Cómo Obligar a Tu Mismo a Hacerse Rico

Esta regla solo funciona si es obligatoria, lo que significa que debe ser automatizada. Debes eliminar todo el proceso de toma de decisiones.

Digamos que actualmente ganas $400 al mes de un trabajo a tiempo parcial o asignación.

El sistema Págate a Ti Mismo Primero se ve así:

Paso 1: Determina Tu Porcentaje de Inversión. Un buen punto de partida para los adolescentes con gastos bajos es dedicar del 20% al 30% de sus ingresos ganados a los dos cubos. Apuntemos al 25%.

Paso 2: Asigna Entre los Cubos. Necesitas algo de ahorros líquidos, pero dado que eres joven y tus metas son a largo plazo, el Motor de Crecimiento debería recibir la mayor parte.

Ahorros (Reserva de Seguridad): 5% de los ingresos ($20)

Inversión (Motor de Crecimiento): 20% de los ingresos ($80)

Paso 3: Automatiza la Transferencia. En el momento en que esos $400 lleguen a tu cuenta bancaria, debes tener configuradas transferencias automáticas:

$20 se transfiere automáticamente a tu cuenta de ahorros de alto rendimiento.

$80 se transfiere automáticamente directamente a tu cuenta de corretaje custodial.

Los restantes $300 son lo que usas para todo lo demás (gastos, diversión, facturas). Literalmente nunca ves el dinero dedicado a la inversión. Va directamente de la fuente al cubo de inversiones, donde se pone instantáneamente a trabajar a través del interés compuesto.

Esta simple regla automatizada resuelve el 90% de los problemas que la gente tiene al administrar dinero. Garantiza consistencia, elimina la procrastinación y asegura que incluso si gastas el resto de tu efectivo en compras por impulso, aún estás construyendo la base de una futura fortuna. Si te adhieres a este mandato, las matemáticas del interés compuesto garantizarán tu éxito. Serás rico porque lo hiciste la primera prioridad, no negociable.

CHAPTER TWO

LA LLAVE DEL COFRE: CONFIGURACIÓN DE TU CUENTA DE INVERSIÓN SEGURA Y LEGAL (EVITANDO LA PESADILLA DEL PAPELERO DE ADULTOS)

La introducción de este libro trataba sobre desbloquear tu superpoder financiero. El Capítulo 1 hablaba de las matemáticas, y el Capítulo 2 de encontrar el efectivo. Ahora, hemos llegado al portero. Para realmente desplegar tu dinero en el mercado de valores, necesitas un lugar seguro y legal para mantener esos activos. Necesitas una cuenta de corretaje.

Piense en una correduría como un banco especializado para acciones y fondos. Los bancos regulares manejan depósitos y préstamos; las corredurías manejan la compra y venta de activos financieros. Dado que eres menor de 18, no puedes simplemente acercarte y abrir una cuenta por tu cuenta—el gobierno aún exige la supervisión parental para grandes decisiones financieras.

Este capítulo es tu Llave del Cofre. Vamos a desmitificar la participación adulta requerida y proporcionar los nombres y plataformas específicos que hacen que este proceso sea lo menos doloroso posible. Configurar la cuenta es a menudo el mayor obstáculo que enfrentan los jóvenes inversores. Una vez que esto esté hecho, el camino hacia la riqueza está completamente abierto.

DESCUBIERTO: Las 3 Mejores Plataformas de Corretaje Amigables para Adolescentes Sin Comisiones

En la era oscura de las inversiones (hace unos 10 años), las corredurías cobraban tarifas solo para realizar una operación. Si solo tenías $50 para invertir, pagar una comisión de $7 era una dolorosa pérdida del 14% antes de siquiera comenzar.

Hoy, gracias a la explosión de plataformas en línea, la mayoría de las corredurías importantes ofrecen trading sin comisiones en acciones y ETFs (Fondos Cotizados en Bolsa). Esta es una gran noticia para los inversores adolescentes que comienzan con pequeñas cantidades.

Sin embargo, no todas las corredurías son iguales cuando se trata de cuentas custodiales —el tipo que necesitas. Buscamos plataformas que sean seguras, fáciles de usar, que tengan depósitos mínimos bajos o nulos, y ofrezcan herramientas educativas para ayudarte a aprender en el proceso.

Aquí están las opciones de estándar de oro para configurar un cofre de inversión seguro:

1. Fidelity Investments

Por qué es excelente para los adolescentes: Fidelity es una de las instituciones financieras más grandes y respetadas a nivel mundial. Ofrecen excelentes cuentas de corretaje sin comisiones (a menudo llamadas Cuentas Juveniles) que están estructuradas como una cuenta estándar UGMA/UTMA (explicaremos ese acrónimo en breve). Crucialmente, Fidelity tiene contenido educativo sólido y, más recientemente, lanzó productos específicos diseñados para adolescentes que permiten un alto grado de gestión independiente bajo la atenta supervisión del custodio. Son profesionales, seguros, y ofrecen una increíble variedad de opciones de inversión.

2. Charles Schwab

Por qué es excelente para los adolescentes: Al igual que Fidelity, Schwab es un titán en la industria, ofreciendo una gama completa de cuentas custodiales. Sobresalen en servicio al cliente y proporcionan herramientas de investigación excepcionales—una característica que utilizarás más adelante cuando empieces a investigar acciones individuales. Schwab es conocida por su enfoque amigable para los inversores, lo que los convierte en una opción segura y confiable para principiantes. Su plataforma es limpia e intuitiva, reduciendo la confusión que a menudo acompaña a interfaces financieras complejas.

3. Vanguard

Por qué es excelente para los adolescentes: Vanguard es el campeón de los costos bajos, fundado sobre el principio de minimizar tarifas para los inversores. Si bien su interfaz de usuario puede parecer un poco menos llamativa que algunas aplicaciones más nuevas, su compromiso con los fondos indexados de bajo costo es inigualable. Si tu estrategia se enfoca principalmente en la "Estrategia del Genio Perezoso" (invertir en fondos de mercado amplio, como discutimos en el Capítulo 4), Vanguard es la plataforma definitiva para maximizar tus rendimientos manteniendo los costos cerca de cero. Son confiables, estables y enfocados en la acumulación de riqueza a largo plazo.

Una Nota sobre Aplicaciones y Plataformas Especializadas:

Puede que veas aplicaciones de inversión más nuevas anunciadas (como Robinhood o Public). Aunque a menudo tienen interfaces llamativas, muchas no soportan fácilmente la estructura de cuenta custodial requerida para menores, o sus recursos educativos son limitados. Para tu primera cuenta oficial de inversión, prioriza las corredurías establecidas que son expertas en cumplimiento legal y seguridad a largo plazo. Estas plataformas están construidas para décadas de crecimiento, no solo para el trading diario de moda.

La decisión final debe basarse en cuál plataforma es más cómoda para tu padre o tutor (el futuro Custodio), o cuál ofrece la experiencia de usuario más simple. Dado que las tres mencionadas anteriormente son gratuitas para abrir y operar, no hay una diferencia monetaria significativa; solo ligeras diferencias en la interfaz y herramientas de investigación.

La Cuenta de Inversión 'Trampa para Padres': Cómo Invertir Legalmente Tus Primeros $1,000 (El Manual UGMA/UTMA)

Bien, hablemos de legalidades. Como menor, no puedes entrar en un contrato con el propósito de comerciar acciones. Por lo tanto, cualquier dinero que inviertas debe ser mantenido en una cuenta custodial. Esta es la manera en que el gobierno asegura que un adulto asuma la responsabilidad legal de la cuenta hasta que alcances la mayoría de edad (generalmente 18 o 21, dependiendo de tu estado).

Estas cuentas son comúnmente conocidas como cuentas UGMA (Uniform Gifts to Minors Act) o UTMA (Uniform Transfers to Minors Act). La diferencia entre ellas es mínima, pero esencialmente, la UTMA es ligeramente más flexible en términos de los activos que puede contener (a veces incluyendo bienes raíces u otra propiedad, aunque para la inversión en acciones funcionan de manera idéntica).

Aquí está el punto vital sobre la Cuenta Custodial:

El dinero en la cuenta te pertenece legalmente en el momento en que se deposita.

Este es el punto clave que separa una cuenta custodial de una cuenta bancaria conjunta de padres. Cuando tus padres abren una UGMA/UTMA a tu nombre, están haciendo legalmente un regalo irrevocable. No pueden decidir más tarde reclamar el dinero para su propio uso, o para el fondo universitario de tu hermano menor. La cuenta se titula: "[Nombre del Custodio], Custodio FBO (Para Beneficio de) [Tu Nombre] "

Roles y Responsabilidades Desmitificados

1. El Menor (Tú) — El Propietario Beneficiario

Tu papel es decidir en qué invertir. Eres el futuro receptor de la riqueza. Eres el estratega, el investigador y el beneficiario final. Mientras el custodio firma la documentación, deberías estar haciendo el trabajo pesado en términos de educación sobre inversiones y selección de acciones (usando la guía en este libro).

2. El Custodio (El Adulto) — El Administrador de la Cuenta

El custodio (generalmente un padre o tutor legal) tiene dos responsabilidades principales:

A. La Documentación: Ellos firman los documentos legales para abrir la cuenta y son responsables de gestionar cualquier tarea administrativa, como confirmar operaciones o manejar formularios fiscales (aunque la responsabilidad fiscal a menudo recae en ti, el menor, una vez que se cumplen los umbrales de ingresos—más sobre eso en el Capítulo 8).

B. Deber Fiduciario: Deben gestionar los activos únicamente en el mejor interés del menor (tú). Esto significa que no pueden hacer operaciones imprudentes y de alto riesgo que no sean adecuadas para el plan a largo plazo de un joven. Mantienen el control legal hasta que tú "salgas" de la cuenta.

LA CLÁUSULA DE SALIDA POR EDAD: LA META FINAL

En el momento en que alcanzas la mayoría de edad (generalmente 18, pero a veces 21 o 25 dependiendo del estado y los términos específicos de la cuenta), el control del custodio desaparece. La cuenta se transfiere automáticamente a tu nombre, y asumes el control legal completo e independiente sobre cada activo. Esta transferencia es uno de los hitos financieros más emocionantes para un joven inversor.

Superar la documentación es simplemente una cuestión de sentarse con tu custodio elegido y la solicitud en línea de la correduría. Requiere sus detalles personales (dirección, Número de Seguro Social, identificación con foto) y tus detalles (Número de Seguro Social). Puede parecer una tarea de adulto, pero es un paso necesario y único que desbloquea décadas de crecimiento compuesto.

La Lista de Verificación Anti-Estafas: 7 Pasos Críticos de Seguridad para Proteger Tu Portafolio de Ladrões Digitales

Eres un nativo digital, lo que significa que probablemente ya estás hipersensibilizado a la seguridad digital. Pero cuando se involucra dinero, los riesgos son mayores. Los ciberdelincuentes y estafadores aman a los inversores, especialmente a los nuevos, porque suelen usar la emoción y el FOMO (Miedo a Perderse Algo) para engañar a las personas para que renuncien a sus fondos.

Proteger tu portafolio de inversión es innegociable. Aquí está tu lista de verificación de seguridad esencial de siete puntos:

1. Autenticación de Dos Factores (2FA) Obligatoria

Esta es la medida de seguridad más importante. 2FA significa que incluso si un ladrón roba tu contraseña, todavía no podrá acceder a tu cuenta sin un segundo código enviado a tu teléfono físico o una aplicación de seguridad dedicada. Configura esto inmediatamente al abrir tu cuenta de correduría. Nunca uses mensajes de texto SMS para 2FA; usa una aplicación de autenticación (como Google Authenticator o Authy) si la correduría la admite.

2. Contraseñas Únicas y Complejas

No reutilices tu contraseña de Instagram o de juegos para tu cuenta de inversión. Tu contraseña de correduría debe ser larga, compleja y única. Usa un administrador de contraseñas (como 1Password o LastPass) para generarla y almacenarla de forma segura.

3. Reconocer Estafas de Phishing

El phishing es cuando alguien finge ser una fuente reputada (como tu correduría) para robar tu información. Siempre asume que un correo electrónico o mensaje de texto que solicite detalles de la cuenta es falso. Las corredurías nunca te enviarán un correo electrónico pidiendo tu contraseña o número de cuenta. Si recibes un mensaje sospechoso, no hagas clic en el enlace; en su lugar, navega directamente al sitio web oficial de tu correduría escribiendo la dirección tú mismo.

4. La Regla de 'Demasiado Bueno para Ser Cierto'

Si alguien en un foro, servidor de discord o mediante un DM te habla de una "acción secreta" o una "moneda cripto garantizada con un 1,000% de retorno," están tratando de estafarte. La verdadera inversión es lenta y aburrida, no emocionante y de alto riesgo. Las estafas a menudo prometen retornos masivos e inmediatos. Ignóralas.

5. Asegura Tus Dispositivos

Asegúrate de que la computadora o el teléfono que usas para acceder a tus cuentas financieras tenga las últimas actualizaciones del sistema operativo y protección adecuada contra virus/malware. Las actualizaciones a menudo incluyen parches de seguridad críticos.

6. Solo Red Privada

Nunca inicies sesión en tu cuenta de correduría cuando estás conectado a una red Wi-Fi pública (como en una cafetería o biblioteca escolar). Estas redes suelen ser inseguras y son focos de espionaje digital. Solo gestiona tu dinero en una red segura, privada y protegida por contraseña.

7. Monitorea la Actividad de la Cuenta

Hazte el hábito de revisar rápidamente tu estado de cuenta de correduría mensualmente. Busca operaciones o retiros que tú o tu custodio no autorizaron. La detección temprana es clave para mitigar cualquier actividad no autorizada.

La Configuración de Cuenta en 14 Minutos: Tu Lista de Verificación Sin Fricciones para Financiar Tu Primera Operación

Has elegido tu correduría (Fidelity, Schwab o Vanguard), y tu custodio está listo para empezar. Ahora, ejecutamos. Todo el proceso, de principio a fin, debería tomar menos tiempo que ver un episodio de tu programa favorito.

Aquí está la lista de verificación paso a paso para pasar de una cuenta cero a una cuenta financiada:

Paso 1: Reúne Documentación (5 Minutos)

Antes de sentarte en la computadora, ten listos estos datos.

Para el Menor (Tú):

Nombre Legal Completo, Dirección y Fecha de Nacimiento

Número de Seguro Social (SSN)

Para el Custodio (Adulto):

Nombre Legal Completo, Dirección y Fecha de Nacimiento

Número de Seguro Social (SSN)

Detalles de la Licencia de Conducir o ID del Gobierno

Paso 2: Elige el Tipo de Cuenta (1 Minuto)

Cuando navegas a la sección 'Abrir una Cuenta' de la correduría, selecciona la opción para una Cuenta Custodial, generalmente listada bajo "Cuentas para Menores" o "UGMA/UTMA." No selecciones una cuenta individual estándar (eres demasiado joven) o una cuenta de jubilación (no todavía).

Paso 3: Completa la Solicitud (5 Minutos)

Rellene los detalles solicitados tanto para el menor como para el custodio. Los formularios en línea son sencillos y se enfocan principalmente en la verificación de identidad. Necesitará especificar su relación con el menor (por ejemplo, Padre, Tutor). La mayoría de las corredurías manejan la verificación del custodio inmediatamente a través de verificaciones electrónicas.

Paso 4: Vincula Tu Fuente de Financiamiento (2 Minutos)

Aquí es donde el dinero se mueve de tu cuenta corriente o de ahorros al depósito de la correduría. Necesitarás el número de ruta y el número de cuenta de tu cuenta bancaria. Sigue las indicaciones en pantalla para vincular las cuentas de manera segura. La correduría a menudo enviará dos pequeños "depósitos de prueba" ($0.03, $0.15) a tu cuenta bancaria, que debes verificar uno o dos días después para confirmar la propiedad.

Paso 5: Financia la Cuenta (1 Minuto)

Decide tu depósito inicial. Recuerda el Capítulo 2: este debe ser dinero que has destinado específicamente para la inversión a largo plazo. Inicia la transferencia. Las transferencias ACH estándar pueden tardar de 1 a 3 días hábiles en procesarse, pero una vez que la transferencia esté iniciada, la mayoría de las corredurías te permitirán realizar tu primera operación de inmediato utilizando los fondos pendientes.

Felicidades. Ahora tienes un vehículo de inversión seguro y legal. El desafío administrativo más difícil ya ha pasado. La cuenta está abierta, el dinero está en camino y estás listo para aprender qué comprar en el siguiente capítulo.

DESCUBIERTO: LAS 3 MEJORES PLATAFORMAS DE CORRETAJE AMIGABLES PARA ADOLESCENTES SIN CARGOS

La buena noticia es que invertir nunca ha sido más barato. Afortunadamente, ha terminado la era de pagar comisiones de $10 o $20 por cada operación. Para fines de inversión en acciones, ETF (Fondos Cotizados en Bolsa) y fondos mutuos, las corredurías de primer nivel son esencialmente gratuitas.

Por lo tanto, la elección de la plataforma no debería basarse en el costo, sino en las características, facilidad de uso y, críticamente, en cómo manejan las cuentas de custodia (UTMA/UGMA), que es la puerta legal necesaria para que puedas invertir antes de cumplir 18 años.

A continuación, un desglose de los tres líderes de mercado más adecuados para el joven inversionista.

Fidelity: El Estándar de Oro Moderno

Fidelity suele ser la primera parada para los jóvenes inversionistas astutos, en gran parte debido a su compromiso con los bajos costos y la mejor combinación de recursos educativos y accesibilidad.

Características Clave para Adolescentes:

Comisiones Cero. Fidelity ofrece comisiones de $0 en operaciones de acciones, ETF y opciones.

Acciones Fraccionarias. Esto cambia las reglas del juego. Fidelity te permite comprar acciones "por porciones" (acciones fraccionarias). Si la acción de Apple se cotiza a $170, pero solo tienes $25 para invertir, puedes comprar $25 en acciones de Apple. Esto es esencial para maximizar pequeñas contribuciones frecuentes.

Cuenta Juvenil Fidelity. Para adolescentes de 13 a 17 años, Fidelity ofrece una cuenta especializada que el joven administra, vinculada a una cuenta de custodia, proporcionando una experiencia práctica increíble.

Contenido Educativo. El Centro de Aprendizaje de Fidelity es vasto y de alta calidad, abarcando todo, desde definiciones básicas hasta investigación avanzada.

Ideal para: Adolescentes que desean una excelente experiencia en la aplicación móvil, la capacidad de operar con acciones fraccionarias y una abundancia de herramientas educativas para guiarlos a través del proceso de aprendizaje.

Charles Schwab: La Potencia de la Investigación

Schwab es una de las instituciones financieras más establecidas en el mundo y ofrece una plataforma extremadamente estable y de alta tecnología que rivaliza con Fidelity. Aunque pueden no tener la marca dedicada para "adolescentes", sus características básicas de cuentas de custodia son insuperables.

Características Clave para Adolescentes:

Comisiones Cero. Comisiones constantes de $0 por operaciones de acciones y ETF.

Excelentes Herramientas de Investigación. Schwab es famoso por su análisis de mercado en profundidad y sus informes de investigación. A medida que avances más allá de los fondos índices básicos, Schwab proporciona herramientas poderosas (como StreetSmart Edge) para profundizar en empresas específicas.

Amplia Selección de Inversiones. Schwab ofrece una gran variedad de inversiones, incluyendo miles de ETF y fondos mutuos de bajo costo de Schwab.

Excelente Servicio al Cliente. Tienen una reputación de soporte de primer nivel, lo que es útil cuando tu custodio (padre/tutor) tiene preguntas sobre el proceso de configuración.

Ideal para: Adolescentes que desean eventualmente convertirse en investigadores y analistas serios, o aquellos cuya familia ya utiliza Schwab para otras cuentas, simplificando la configuración de custodia.

Vanguard: La Opción del Constructor de Riqueza Pasivo

Vanguard es único porque la compañía es propiedad de sus fondos, lo que significa que su misión principal es mantener bajos los costos para los inversionistas. Aunque su experiencia en la aplicación a veces es menos llamativa que la de Schwab o Fidelity, su enfoque en fondos índice de bajo costo se alinea perfectamente con la estrategia recomendada para el 80% de tu cartera (como se discutió en el Capítulo 6).

Características Clave para Adolescentes:

Los Ratios de Gastos Más Bajos. Vanguard es famoso por tener algunos de los ratios de gastos más bajos (la tarifa que los fondos cobran para operar) en toda la industria. Cuando estás invirtiendo durante más de 50 años, incluso diferencias de tarifas pequeñas se suman a ahorros masivos.

Enfoque en Fondos Índice. Vanguard inventó el fondo índice. Su plataforma facilita increíblemente la búsqueda y la inversión en los fondos índice exactos (como VTSAX o VTI) que forman el núcleo de una estrategia exitosa a largo plazo.

Operaciones Sin Comisión. Ofrecen operaciones sin comisión en acciones y ETF de Vanguard.

Ideal para: El inversor disciplinado que tiene la intención de seguir el modelo de "configúralo y olvídalo", priorizando tarifas bajas y la inversión pasiva sobre el comercio frecuente o la profunda investigación de acciones individuales.

Instantánea Comparativa

Feature	Fidelity	Charles Schwab	Vanguard
Commissions (Stocks/ETFs)	$0	$0	$0
Custodial Account	Yes (UGMA/ UTMA & Youth Account)	Yes (UGMA/ UTMA)	Yes (UGMA/ UTMA)
Fractional Shares	Yes (Excellent)	Yes	Yes
Mobile App Rating	Excellent/Modern	Very Good/Professional	Good/Functional
Best For	All-around starter and active learning	All-around starter and active learning	Long-term, low-cost index investing

La conclusión: Elige la plataforma con la que tu custodio se sienta más cómodo, pero si tienes la opción, Fidelity ofrece la mejor experiencia general para el adolescente que comienza desde cero y desea la libertad de las acciones fraccionarias.

LA CUENTA DE INVERSIÓN 'PARENT TRAP': CÓMO INVERTIR LEGALMENTE TU PRIMER $1,000 (EL MANUAL UGMA/UTMA)

Piense en la cuenta UGMA o UTMA como tu co-piloto necesario. Tú, el inversionista, eres legalmente demasiado joven para sentarte en el asiento del piloto (es decir, firmar los contratos vinculantes que requieren las corredurías). Por lo tanto, necesitas un adulto de confianza que sea el conductor designado hasta que cumplas la edad legal.

Este sistema está regido por la Ley de Regalos Uniformes a Menores (UGMA) o la Ley de Transferencias Uniformes a Menores (UTMA). No necesitas memorizar los nombres; solo debes saber que son el marco legal que permite a las personas menores de 18 años (o 21 en algunos estados) ser propietarios de activos de inversión.

Por qué No Puedes Simplemente Abrir una Cuenta Regular

El problema es simple: legalmente, eres un menor. Las firmas financieras, casas de corretaje y bancos requieren que los clientes sean mayores de edad (generalmente 18 años) para celebrar un contrato. Si compras acciones, estás celebrando un contrato. Dado que no puedes firmar legalmente ese contrato, necesitas que un adulto lo haga por ti.

La cuenta UGMA/UTMA soluciona esto creando un contenedor legal. Se configura bajo el número de Seguro Social y el nombre del adulto, designado "como custodio de [Tu Nombre]." Crucialmente, los activos de la cuenta se mantienen irrevocablemente a tu favor. Esto nos lleva a la distinción más importante en esta configuración: el sistema de dos jugadores.

Jugador 1: El Custodio (El Adulto Administrador)

El Custodio es el adulto que abre la cuenta (generalmente un padre o tutor). Ellos son los titulares legales de la llave. Sus responsabilidades son serias y están definidas por la ley.

1. El Portero: Ellos son la única persona legalmente autorizada para ejecutar operaciones, vincular cuentas bancarias y manejar transferencias.

2. El Fiduciario: Este es un término legal elegante que significa que deben actuar únicamente en tu mejor interés financiero. No pueden usar el dinero de la cuenta para su propio beneficio, ni pueden invertirlo en activos especulativos salvajes que ningún adulto respon-

sable elegiría (aunque "responsable" se define de manera flexible cuando tienes 16 años y estás enfocado en el crecimiento!).

3. El Zar del Papel: Ellos manejan todos los formularios fiscales (como el 1099, que discutiremos más adelante) y la carga administrativa.

El trabajo del Custodio es la gestión y ejecución. Ellos son las manos que mueven el dinero, pero no son el cerebro.

Jugador 2: El Propietario Beneficiario (Tú, El Inversor Adolescente)

Este eres tú. Eres el único propietario irrevocable de cada activo en esa cuenta, desde la primera acción de fondos indexados hasta el último $5 en efectivo. La propiedad es la parte más poderosa de esta estructura de cuenta.

1. Propiedad Irrevocable: Una vez que el dinero entra en un UGMA/UTMA, te pertenece para siempre. Incluso si tus padres se divorcian, cambian de opinión o deciden que necesitan ese dinero para otra cosa, no pueden recuperarlo legalmente. Es tu propiedad.

2. Control Estratégico: Aunque tu adulto debe realizar la transacción, en el contexto de este libro, tú eres el estratega principal de inversión. Haces la investigación (Capítulo 5), determines la asignación (Capítulo 6), y le dices a tu Custodio qué botón presionar.

3. La Transferencia Automática: Este es el "día de graduación" de tu carrera de inversión. En una fecha específica (generalmente tu cumpleaños número 18 o 21, dependiendo de tu estado de residencia), el papel del custodio desaparece. Los activos se transfieren automáticamente por completo a una cuenta bajo tu nombre y número de seguro social. Te conviertes en el único gestor, el único propietario y el único tomador de decisiones.

LA CLAVE VENTAJA: PROPIEDAD INMEDIATA E IRREVOCABLE

¿Por qué pasar por este lío legal? Porque a diferencia de un Plan de Ahorros Universitarios 529 (que tiene muchas reglas sobre cuándo y cómo se puede usar el dinero), el dinero de un UGMA/UTMA puede usarse para cualquier cosa que beneficie al menor: un coche, la universidad, un pago inicial para una casa, o incluso ese ridículamente caro PC para juegos que has estado deseando.

Lo más importante que debes entender es que la cuenta UGMA/UTMA te da propiedad ahora. Obliga al sistema legal a reconocer que el dinero que estás trabajando para ganar e invertir es legítimamente tuyo, y comienza el motor del interés compuesto décadas antes de que tus compañeros incluso abran su primer estado bancario.

Con el propósito de ejecutar el Lanzamiento de Riqueza de 7 Días (Capítulos 6 y 7), tu trabajo principal es conseguir un Custodio que esté dispuesto a recibir instrucciones de ti sobre elecciones de inversión. Una vez que tengas ese acuerdo, tienes la Llave de la Cámara para tu futuro financiero.

LA LISTA DE VERIFICACIÓN ANTI-ESTAFAS: 7 PASOS CRÍTICOS DE SEGURIDAD PARA PROTEGER TU PORTAFOLIO DE LADRONES DIGITALES

Cuando abres una cuenta de corretaje, básicamente estás abriendo una bóveda digital llena de dinero. En la era digital, ser financieramente astuto significa ser cibernéticamente astuto. Dado que la mayor parte de tu inversión ocurrirá en línea, debes tratar tus credenciales de inicio de sesión de inversión con la seriedad que tratarías tu billetera o tus ahorros de toda la vida.

Los ladrones digitales no están buscando las cuentas más grandes; buscan las más fáciles de crackear. Al seguir esta lista de verificación de siete pasos, elevarás tus defensas de seguridad mucho más allá de la media, protegiendo tu portafolio de accesos no autorizados y estafas.

1. El Mandato de Contraseña Única e Irrompible

Tus inicios de sesión de juegos, contraseñas de redes sociales y tu contraseña de inversión nunca deberían ser las mismas. Nunca. Si un hacker accede a tu servicio de streaming favorito, inmediatamente intentan esas credenciales en sitios bancarios y de corretaje. Tu cuenta de inversión requiere una contraseña extremadamente fuerte y única (mínimo 16 caracteres, combinando mayúsculas y minúsculas, números y símbolos). Si no puedes recordar todas, usa un administrador de contraseñas de confianza (como 1Password o LastPass) para generar y almacenar de manera segura.

2. La Autenticación de Dos Factores (2FA) es Obligatoria

La Autenticación de Dos Factores (a veces llamada MFA o Autenticación Multifactor) es la barrera más importante entre un hacker y tu dinero. 2FA significa que incluso si un ladrón roba tu contraseña, aún necesita un segundo código de verificación, que generalmente se envía a tu teléfono, para iniciar sesión.

Establece 2FA de inmediato. Ve un paso más allá: si tu corredora lo ofrece, utiliza una aplicación de autenticador (como Google Authenticator o Authy) en lugar de depender de mensajes de texto SMS para los códigos. Los mensajes de texto a veces pueden ser interceptados mediante técnicas avanzadas, mientras que los códigos basados en aplicaciones son mucho más seguros.

3. Domina el Arte de la Defensa contra Phishing

Las estafas de phishing son intentos de engañarte para que reveles información personal (contraseñas, números de seguro social) a través de correos electrónicos o mensajes de texto. Un truco común es un correo electrónico que parece exactamente venir de tu corredora, reclamando "actividad sospechosa detectada, haz clic aquí para verificar tu cuenta."

Nunca hagas clic en un enlace en un correo electrónico relacionado con tu dinero. En su lugar, cierra el correo electrónico y navega directamente al sitio web oficial de tu corredora escribiendo la URL tú mismo. Tu firma de corretaje nunca te pedirá que verifiques una contraseña, número de Seguro Social o número de cuenta por correo electrónico. Observa de cerca la dirección de correo del remitente; a menudo está ligeramente mal escrita (por ejemplo, "FidelitySupport@gmail.com").

4. Ten Cuidado con la Propuesta de Inversión "Demasiado Buena para Ser Verdadera"

Esta es quizás la protección más crítica contra estafas financieras, no solo las digitales. Si una propuesta, anuncio o consejo de inversión promete retornos masivos y garantizados en un período muy corto de tiempo, huye.

Invertir de verdad es lento, aburrido y compuesto. Crece a lo largo de años y décadas. Las estafas, a menudo conocidas como "pump and dumps" o esquemas piramidales, se basan en el bombo, la presión y retornos altos garantizados (piensa en un 50% en un mes). Si un extraño en línea (o incluso un conocido) te dice que conoce una acción secreta que está a punto de explotar, o te pide que le envíes criptomonedas para invertir en tu nombre, es una estafa el 100% del tiempo.

5. Mantén tus Dispositivos y Software Actualizados

Los cibercriminales explotan las vulnerabilidades en sistemas operativos viejos y software de navegador desactualizado. Piensa en las actualizaciones de software como inyecciones de inmunización para tu dispositivo. Si tu computadora, teléfono o tableta está ejecutando una versión antigua de iOS, Android o Windows, estás operando con conocidas vulnerabilidades de seguridad. Siempre acepta e instala actualizaciones críticas de software de manera oportuna, especialmente en los dispositivos que usas para acceder a tus cuentas financieras.

6. Asegura los Puntos de Acceso Públicos

Nunca, bajo ninguna circunstancia, inicies sesión en tu cuenta de inversión utilizando Wi-Fi público (como en una cafetería, aeropuerto o biblioteca escolar). Estas redes pueden ser monitoreadas fácilmente por otros. Asimismo, no accedas a tu cuenta de corretaje en computadoras compartidas. Si absolutamente necesitas acceder a tu cuenta en una red pública, utiliza una Red Privada Virtual (VPN) para protección cifrada.

7. No Publiques tus Éxitos en Línea

La tentación de presumir sobre una gran ganancia o un aumento en el saldo de tu portafolio es alta, especialmente en plataformas de redes sociales como TikTok, Discord o Instagram. Resiste completamente esta tentación. Publicar capturas de pantalla de tu saldo de portafolio o, peor aún, de tus estados de cuenta, te convierte en un objetivo inmediato. Le dice a los ladrones digitales exactamente cuánto dinero tienes y señala que eres una persona de la que vale la pena intentar robar. Mantén tu éxito financiero en privado.

LA CONFIGURACIÓN DE CUENTA DE 14 MINUTOS: TU LISTA DE VERIFICACIÓN SIN FRICCIONES PARA FINANCIAR TU PRIMERA TRANSACCIÓN

Has realizado la investigación, elegido tu plataforma de corretaje y convencido a tu custodio (el adulto) de que esta es una idea brillante. Ahora, es hora de pasar de la teoría a la ejecución.

Este es el papeleo más rápido de 14 minutos que harás. Vamos a omitir la fricción financiera típica y llegar directamente a la etapa de financiamiento. Necesitas completar esta lista de verificación con tu custodio presente o con toda su información y autorización disponibles.

FASE 1: CONTROL DE MISIÓN PRE-LANZAMIENTO (O - 5 MINUTOS)

Antes de hacer clic en "Abrir Cuenta", necesitas tener un montón de documentos listos. Esta fase toma más tiempo porque nadie quiere pausar a mitad de la solicitud para buscar una tarjeta de Seguro Social.

Documentos Requeridos (Inversor Menor - Tú):

1. Número de Seguro Social (SSN): Requerido para fines de informes fiscales.

2. Fecha de Nacimiento y Dirección Actual: Deben coincidir con cualquier identificación existente.

Documentos Requeridos (Custodio - El Adulto):

1. Número de Seguro Social (SSN): Requerido para abrir la cuenta custodial.

2. Licencia de Conducir o ID Estatal: Necesaria para verificación y controles de identidad.

3. Información actual de la cuenta bancaria: El número de ruta y el número de cuenta de la cuenta bancaria que usarás para financiar la cuenta de inversión (generalmente es la cuenta del custodio o una cuenta conjunta).

FASE II: LA APLICACIÓN SPRINT (5 - 10 MINUTOS)

La mayoría de las corredoras principales (como las que revisamos en la sección anterior) han simplificado este proceso. Debería ser completamente digital.

Paso 1: Iniciar la apertura de la cuenta

Navega a la plataforma de corretaje de tu elección (por ejemplo, Fidelity, Schwab, etc.) y busca un gran botón que diga "Abrir una cuenta" o "Comenzar".

Paso 2: Elegir el tipo de cuenta correcto

Este es el paso más crítico. NO elijas una cuenta de corretaje estándar sujeta a impuestos. Debes seleccionar:

Cuenta Custodia

UGMA (Ley de Regalos Uniformes a Menores) o UTMA (Ley de Transferencias Uniformes a Menores)

Nota: La corredora predeterminará la opción apropiada según tu estado.

Paso 3: Ingresar los detalles del custodio (el adulto)

Como el adulto es el fiduciario legal, su información se ingresa primero. Ingresa su nombre completo, dirección, SSN, fecha de nacimiento e información laboral (requerida por ley). El sistema generalmente verificará su identidad instantáneamente.

Paso 4: Ingresar los detalles del inversor menor (tú)

Ahora, ingresa tu información personal, incluyendo tu SSN y fecha de nacimiento. El sistema establece el vínculo legal entre el custodio y el propietario beneficiario (tú).

Paso 5: Firmar electrónicamente y enviar

Revisa la página de resumen cuidadosamente. El custodio deberá leer y firmar digitalmente la solicitud. Una vez presentada, la corredora generalmente confirma la creación de la cuenta en minutos. Recibirás un número de cuenta.

FASE III: LA META DE FINANCIAMIENTO (10 - 14 MINUTOS)

¡La cuenta está abierta! Pero una cuenta vacía no compra acciones. Es hora de enviar los fondos.

Paso 6: Conectar tu fuente de financiamiento

Ve a la sección de "Financiamiento", "Transferencias" o "Depósito" de tu nuevo panel de control de corretaje. Tienes dos opciones principales:

Verificación instantánea (recomendada): La corredora utiliza un servicio de terceros (como Plaid) para verificar instantáneamente y de forma segura las credenciales de inicio de sesión de tu cuenta bancaria. Esto es rápido y seguro.

Verificación manual: Ingresas manualmente el número de ruta del banco y tu número de cuenta. La corredora generalmente enviará dos pequeños depósitos (por ejemplo, $0.11 y $0.23) a tu cuenta bancaria, y deberás regresar a la plataforma de corretaje 1-2 días después para confirmar esos montos.

Paso 7: Iniciar tu primer depósito

Una vez que la cuenta bancaria esté vinculada, puedes iniciar tu primera transferencia. Elige el monto con el que deseas comenzar (recuerda: ¡incluso $10 es suficiente si la plataforma admite acciones fraccionarias!) y confirma la transferencia.

Tiempo total transcurrido: Aproximadamente 14 minutos.

¿QUÉ PASA A CONTINUACIÓN?

Normalmente, toma de 1 a 3 días hábiles para que los fondos se asienten en tu cuenta de corretaje. El dinero aparecerá como un "saldo en efectivo" listo para ser utilizado. Una vez que el efectivo esté asentado, estarás oficialmente listo para realizar tu primera transacción, que detallaremos en el Capítulo 7. ¡Felicidades! Has dado el paso más importante en tu vida financiera.

CHAPTER THREE

EL ZOOLÓGICO DE INVERSIONES: QUÉ CRIATURAS TE APORTAN UN CRECIMIENTO MASIVO (Y CUÁLES TE MANTIENEN A SALVO DE LOS DEPREDADORES)

Bienvenido al zoológico de inversiones.

Hasta este punto, nos hemos centrado en reunir tu dinero, establecer tus objetivos y preparar la jaula (tu cuenta de corretaje). Ahora, es hora de decidir qué criaturas vas a meter dentro.

El mundo financiero utiliza decenas de nombres complejos para vehículos de inversión: futuros, opciones, materias primas, derivados; pero puedes ignorar el 95% de ellos. Para un principiante inteligente, especialmente una persona joven enfocada en la riqueza a largo plazo, el zoológico solo contiene tres animales principales que debes domesticar: acciones, fondos (ETFs/Fondos Índice) y bonos.

Comprender estas tres categorías: cómo crecen y cómo colapsan, es la diferencia esencial entre un inversor confiado y alguien que solo lanza dardos a una diana.

Piénsalo de esta manera:

1. Las acciones son los guepardos: son rápidas, elegantes y pueden ofrecer resultados masivos (alto crecimiento). Pero también son solitarias y vulnerables (alto riesgo).

2. Los fondos son las manadas de búfalos: se mueven juntas, se protegen mutuamente y viajan de manera confiable grandes distancias (crecimiento constante y diversificado). Son resistentes (riesgo moderado).

3. Los bonos son las tortugas: son lentas, constantes y se centran puramente en la supervivencia (bajo crecimiento, pero alta seguridad). Son tu protección contra los depredadores (bajo riesgo).

Conozcamos a estas criaturas una por una.

CÓMO HACER QUE NETFLIX Y APPLE TE PAGUEN: EL PODER DE CONVERTIRTE EN PROPIETARIO, NO SOLO EN CLIENTE

Imagina tu videojuego favorito. Supongamos que es creado por una gran empresa como Nintendo o Epic Games. Cuando compras el juego, eres un cliente. Les das dinero y ellos te dan un producto. Ese es el final de la transacción.

Ahora, imagina que podrías ser dueño de una pequeña, miniatura, fracción de Nintendo o Epic Games en sí. No solo del juego, sino de la propia empresa que toma las decisiones, diseña las consolas y recauda los miles de millones en ganancias.

Eso es exactamente lo que es una acción.

Una acción (o una "participación") representa propiedad proporcional en una corporación. Si la empresa vale 100 mil millones, y tú posees una millonésima parte de esa empresa, posees una millonésima parte de las ganancias, los activos y el crecimiento futuro.

¿Por qué es esto importante?

Cuando compraste el videojuego, tu riqueza disminuyó. Cuando compras las acciones de la empresa, tu riqueza está vinculada directamente al éxito de la empresa. Si la empresa lanza una nueva consola increíble y sus ganancias se triplican, el valor de tu pequeño pedazo de propiedad (tu acción) también se triplica.

Cuando las personas hablan del "mercado de valores", están hablando del vasto mercado mundial donde se compran y venden estas participaciones de propiedad.

Las dos principales formas en que ganas dinero al poseer acciones son:

1. Apreciación de capital (el crecimiento): Esto es cuando el precio de la acción sube. Si compraste una acción de Apple por $50 y la empresa va bien, diez años después esa misma acción podría valer $250. Ese aumento de $200 es tu apreciación de capital. Este es el enfoque principal para los jóvenes inversores.

2. Dividendos (el pago): Algunas empresas maduras y rentables (como Coca-Cola o Microsoft) deciden compartir una pequeña parte de sus ganancias con sus propietarios (accionistas). Literalmente envían dinero directamente a tu cuenta de corretaje, típicamente cada tres meses. Este es dinero que ganas solo por poseer la acción. Esta es la característica definitiva de "recibir pagos mientras duermes".

Si estás decidiendo si una acción es una buena opción, hazte dos preguntas simples:

¿Esta empresa será más grande en diez años? (Piensa en Amazon, Google, Tesla.)

¿Esta empresa será eliminada por la competencia en un futuro cercano? (Piensa en tecnologías antiguas o negocios que no han evolucionado.)

Las acciones son vitales para el crecimiento porque, históricamente, son el mayor generador de riqueza. Pero recuerda la analogía del guepardo: son rápidas y volátiles. Si posees una sola acción y esa empresa lanza un producto que falla, o un CEO toma una mala decisión, tu inversión podría caer de un día para otro. Por eso no ponemos todo nuestro dinero en un solo lugar.

LA ESTRATEGIA DEL GENIO PEREZOSO: INVERTIR EN 500 EMPRESAS SIMULTÁNEAMENTE CON UN SOLO CLIC (EL SECRETO DEL S&P 500)

Si las acciones individuales son los guepardos de alto riesgo y alta recompensa, entonces los fondos son las enormes manadas defensivas.

Un fondo es simplemente una gran cesta que contiene docenas, cientos o incluso miles de acciones y/o bonos diferentes. Cuando compras una acción del fondo, automáticamente posees una pequeña parte de todo lo que hay dentro de la cesta.

Los fondos son la estrategia definitiva del genio perezoso porque resuelven el mayor problema de las acciones individuales: la volatilidad. Si una empresa dentro de tu fondo quiebra, podría verse equilibrada por las 999 otras empresas exitosas en la cesta, afectando apenas tu retorno general. Este es el poder de la diversificación.

Hay dos tipos principales de fondos que necesitas conocer:

1. Fondos Mutuos: Estas son cestas de inversiones gestionadas profesionalmente. Los compras en función de su Valor Neto de Activos (NAV) una vez al día. A menudo tienen tarifas altas y son menos flexibles, por lo que generalmente los evitamos a menos que tengas cuentas de jubilación especializadas más adelante.

2. Fondos Cotizados en Bolsa (ETFs): Estas son la versión moderna y superior para principiantes. Un ETF actúa exactamente como una acción: puedes comprar y vender acciones del fondo en cualquier momento que el mercado esté abierto, pero en lugar de poseer una empresa, posee una cesta de activos. Por lo general tienen tarifas extremadamente bajas.

La herramienta más poderosa para construir riqueza disponible para un inversionista principiante es el Fondo Índice (que generalmente se presenta como un ETF).

Un índice es una lista de empresas. El más famoso es el S&P 500. Este índice rastrea el rendimiento de 500 de las empresas más grandes y exitosas que cotizan en bolsa en los Estados Unidos (Apple, Microsoft, Google, etc.).

Un Fondo Índice S&P 500 (a menudo etiquetado con tickers como VOO o FXAIX) simplemente posee pequeñas porciones de las 500 empresas en ese índice.

Piense en el S&P 500 como el "marcador" de la economía general de EE. UU. Históricamente, en cualquier periodo de 20 años, el S&P 500 nunca ha fallado en ofrecer rendimientos positivos, promediando alrededor del 10% por año antes de la inflación.

Cuando compras un Fondo Índice S&P 500, en esencia estás apostando por la duradera fortaleza de toda la economía estadounidense, no solo por un CEO o un lanzamiento de producto. Para tu cartera base (la red de seguridad del 70-80% que discutiremos en el Capítulo 6), los Fondos Índice son innegociables. Son confiables, de bajo costo, y requieren cero investigación.

¿La clave? Los Fondos Índice te permiten participar en un crecimiento masivo mientras disminuyes sustancialmente tu perfil de riesgo. Son la base de cualquier cartera exitosa a largo plazo.

Cuando Abrazar lo Aburrido: Desplegando Tus 'Frenos de Emergencia' Cuando el Mercado de Valores se Vuelva Salvaje

Hasta ahora, tenemos el motor de crecimiento rápido (Acciones) y la columna vertebral altamente confiable (Fondos Índice). Ahora necesitamos la red de seguridad definitiva: los activos que preservan tu efectivo cuando todo lo demás está en crisis. Estos son tus Tortugas.

El mercado de valores es cíclico. Sube y a veces baja drásticamente (a esto se le llama correcciones o caídas). Cuando el mercado de valores se desploma, necesitas activos que mantengan su valor o incluso suban mientras las acciones están cayendo.

Conoce los Bonos y los Certificados de Depósito (CDs).

Los bonos son esencialmente préstamos. Cuando compras un bono, estás prestando tu dinero a una entidad (generalmente un gobierno, como el Tesoro de EE. UU., o una corporación muy grande) por un período fijo de tiempo. A cambio, prometen pagarte intereses cada año y devolver el monto principal cuando el bono "vence."

Acciones: Posees una parte de las futuras ganancias de la empresa (impredecibles).

Bonos: Eres un acreedor. Te deben dinero (predecible, retorno fijo).

Debido a que los bonos garantizan un pago (a menos que la entidad quiebre, lo cual es raro para el gobierno de EE. UU.), son mucho menos volátiles que las acciones. Sus retornos son mucho más bajos (a menudo del 3% al 5% anualmente), pero cumplen un papel crucial: estabilidad. Cuando el mercado de valores se está desplomando porque los inversionistas tienen miedo, tienden a retirar dinero de las acciones y ponerlo en activos seguros como los bonos del gobierno. Esta estabilidad es la razón por la cual a veces se les llama "ingresos fijos."

Para un inversionista joven, tu cartera probablemente contendrá muy pocos bonos—quizás solo del 5% al 10%—porque te estás enfocando en maximizar el crecimiento, y los bonos limitan el crecimiento. Sin embargo, son un conocimiento esencial para cuando necesites un lugar para guardar de manera segura dinero que podrías necesitar en un futuro cercano (por ejemplo, matrícula universitaria en cuatro años).

Los Certificados de Depósito (CDs) son aún más aburridos. Un CD es una promesa que le haces a un banco para dejar una suma de dinero depositada durante un periodo específico (por ejemplo, 6 meses, 2 años, 5 años). A cambio, el banco te ofrece una tasa de interés ligeramente más alta que una cuenta de ahorros estándar. Tienen un riesgo extremadamente bajo, ya que están asegurados por el gobierno (FDIC), pero ofrecen prácticamente ningún potencial de crecimiento en comparación con las acciones. Sin embargo, son excelentes para ahorros a corto plazo donde preservar capital es tu prioridad principal.

La Trampa Cripto y la Propiedad Fraccional: Señales de Advertencia y Cuándo Evitar Activos de Alto Riesgo

Mientras que el núcleo de tu cartera debería vivir dentro de la seguridad de las tres criaturas anteriores, es imposible hablar de la inversión moderna sin mencionar la sección salvaje y no regulada del zoológico: Activos Alternativos.

Estas inversiones se llaman "alternativas" porque no siguen las reglas típicas del mercado de valores. Las dos más populares (y más peligrosas para principiantes) son la Criptomoneda y la Propiedad Fraccional.

1. La Canción de Sirena de la Cripto

La Criptomoneda (como Bitcoin y Ethereum) es una moneda digital segura mediante criptografía. Promete ser un reemplazo global y descentralizado para el dinero y los sistemas bancarios tradicionales.

El potencial de ganancias rápidas y transformadoras en cripto ha atraído a millones de jóvenes inversionistas. Y sí, las personas se han vuelto muy ricas, muy rápido.

Sin embargo, la cripto es la apuesta de alto riesgo definitiva para un principiante. Es altamente volátil, lo que significa que su valor puede dispararse un 40% una semana y caer un 60% la siguiente. No hay una entidad gubernamental o corporativa subyacente que la respalde, lo que la hace extremadamente especulativa. Su valor está impulsado casi completamente por la exageración, la emoción y el potencial futuro, no por las ganancias existentes (como una acción).

La Regla de Precaución: Si estás decidido a invertir en cripto, solo asigna dinero que estés 100% preparado para perder. Esto se suele llamar "dinero de juego" o "dinero de diversión". Mantén esta asignación mínima—quizás del 1% al 5% de tu capital total de inversión. Tu enfoque debe permanecer en los vehículos de crecimiento a largo plazo y probados: Fondos Índice. No dejes que la promesa de un retorno rápido de 10x te distraiga de la certeza de un retorno de 10x en 20 años.

2. Propiedad Fraccional

La propiedad (comprar casas o departamentos) es un camino histórico hacia la riqueza, pero comprar una casa entera suele ser imposible para un adolescente. Las plataformas de propiedad fraccional te permiten comprar pequeñas porciones de propiedad.

El beneficio es que la propiedad históricamente mantiene bien su valor y proporciona ingresos por alquiler. El inconveniente es que generalmente es ilíquida (difícil de vender rápidamente), implica altas tarifas, y estas plataformas fraccionales especializadas a menudo añaden capas de complejidad y riesgo para el novato.

El Veredicto del Principiante: La propiedad debería considerarse una vez que tu cartera de acciones sea sustancial (>$50,000) y entiendas el mercado profundamente. Por ahora, la complejidad y la baja liquidez de la propiedad fraccional la convierten en una distracción de tu misión clave.

Tu Estrategia: La Regla 90/10

Tu primera estrategia de inversión debe ser despiadadamente simple y enfocada en la ventaja del tiempo máximo.

El 90% de tu dinero va al rebaño confiable y diversificado (Fondos Índice). Este es tu generador de riqueza a largo plazo, innegociable.

El 10% de tu dinero va a los emocionantes y de alto riesgo Guepardos (Acciones Individuales). Aquí es donde practicas tus habilidades de investigación del Capítulo 5, y donde permites un potencial alcista masivo, pero controlado.

Al comprender las funciones básicas y los riesgos de estas criaturas fundamentales, has completado con éxito el recorrido por el Zoológico de Inversiones y estás listo para comenzar a comprar.

Cómo Hacer que Netflix y Apple Te Paguen A TI: El Poder de Convertirte en Propietario, No Solo en Cliente

Gastás $15 al mes en Netflix. Probablemente compres un nuevo par de zapatillas Nike cada seis meses. Si eres un gamer, has gastado dinero en microtransacciones en Fortnite o quizás has preordenado la última consola de Microsoft o Sony.

Tú, querido lector, eres un cliente fantástico. Eres el motor de la rentabilidad corporativa.

Aquí está el enorme cambio de mentalidad que convierte a los clientes en inversionistas: Deja de financiar simplemente a las empresas que amas. Comienza a ser dueño de ellas.

Cuando inviertes, cambias tu relación con estos gigantes. En lugar de que tu dinero fluya de tu billetera a la suya, estableces un sistema donde sus ganancias fluyen de vuelta a ti.

Este es el poder de la acción.

¿Qué es exactamente una acción?

Imagina tu empresa tecnológica favorita, llamémosla "Global Mega Corp" (pero piensa en Apple, Amazon o Google). Global Mega Corp vale trillones de dólares. Si quisieras comenzar una empresa tan grande, ¿necesitarías miles de millones de dólares, verdad?

Cuando las empresas buscan recaudar enormes cantidades de capital—dinero que necesitan para construir nuevas fábricas, lanzar nuevos productos, o expandirse globalmente —no suelen ir a preguntar a un solo banco. Venden propiedad en la empresa al público.

Una acción es simplemente un pequeño y fraccionado pedazo de propiedad en una empresa que cotiza en bolsa. Cuando compras una acción de Netflix, literalmente te conviertes en un copropietario de la empresa que transmite Stranger Things y Squid Game a 250 millones de usuarios en todo el mundo.

No estás comprando un producto; estás comprando capital.

Cuando compras una acción (que es el término técnico para una única unidad de acción), estás apostando por el éxito futuro de esa empresa. Si Apple lanza un innovador nuevo auricular de VR, o si Microsoft domina el mercado de videojuegos, la empresa se vuelve más valiosa. Y como posees una parte de ella, tu parte también se vuelve más valiosa.

La Bolsa de Valores: La Venta Mundial de Garaje

Entonces, ¿dónde compras realmente este pedazo de Apple o esta fracción de Netflix? Los compras en la bolsa de valores.

Olvídate de la imagen de personas gritando y arrojando papeles en un piso de negociación. Hoy en día, la bolsa de valores es un enorme, altamente regulado y extremadamente rápido mercado digital (como NASDAQ o la Bolsa de Nueva York). Este es el lugar donde inversores y comerciantes compran y venden acciones de empresas públicas.

Cuando colocas una operación a través de tu aplicación de corretaje (que configuraremos en el Capítulo 3), simplemente estás enviando una orden a esta bolsa. Si deseas comprar 10 acciones de la popular empresa de videojuegos Roblox, la bolsa encuentra instantáneamente a alguien dispuesto a vender 10 acciones de Roblox al precio de mercado actual y ejecuta la transferencia.

¿La parte hermosa? No necesitas saber quién es el vendedor, y ellos no necesitan conocerte. La bolsa se encarga de las partes complicadas.

Cómo la Propiedad Genera Rendimiento (Dividendos y Crecimiento)

Hay dos formas principales en que las acciones generan riqueza para ti a largo plazo, y ninguna requiere que levantes un dedo una vez que has realizado la operación.

1. Apreciación del Capital (El Crecimiento):

Este es el evento principal. Si compras una acción de Nvidia (un fabricante líder de chips para IA y videojuegos) por $100 hoy, y durante los próximos cinco años, siguen dominando el mercado de chips, esa acción podría valer $300. Ese aumento de $200 en valor se llama apreciación del capital. Aún no has vendido la acción, pero el valor de tu activo ha aumentado porque la empresa está teniendo un buen rendimiento. Por eso necesitas elegir acciones de empresas que creas que serán más exitosas dentro de una década que lo que son hoy.

2. Dividendos (El Cheque Pasivo):

Algunas, pero no todas, las empresas maduras—piensa en Coca-Cola, Starbucks o empresas de servicios públicos—tienen tanto efectivo adicional que deciden compartir una parte de sus beneficios directamente con sus accionistas. Este pago se llama dividendo.

Los dividendos a menudo se pagan trimestralmente (cada tres meses). Si posees 100 acciones de Coca-Cola y ellos pagan un dividendo de $0.50 por acción, recibirías $50 depositados directamente en tu cuenta de corretaje ese trimestre.

La mejor parte de los dividendos es que son ingresos totalmente pasivos. Literalmente te pagan solo por ser un propietario. Muchos inversores eligen usar esos dividendos automáticamente para comprar más acciones de la empresa, acelerando aún más el efecto de capitalización (¿recuerdas el efecto bola de nieve del Capítulo 1?).

La Inversión Definitiva: El Tiempo

Cuando empiezas a invertir siendo adolescente, no te enfocas en beneficios rápidos; te enfocas en asegurar la propiedad para los próximos 10, 20 o 40 años.

Los inversores más exitosos no eligieron cada acción ganadora; simplemente identificaron buenas empresas y se mantuvieron en ellas durante décadas, permitiendo que el éxito de las empresas y la magia de la capitalización hicieran el trabajo pesado.

La clave es esta: Cada vez que compras un producto de una gran corporación, pregúntate, "¿También poseo una parte de esta empresa?" Si la respuesta es no, estás dejando dinero sobre la mesa. Tu dinero debería estar invertido en empresas cuyos productos y servicios uses todos los días, transformándote de un cliente leal en un propietario exitoso.

LA ESTRATEGIA DEL GENIO PEREZOSO: INVERTIR EN 500 EMPRESAS SIMULTÁNEAMENTE CON UN SOLO CLIC (EL SECRETO DEL S&P 500)

IMAGINA POR UN MOMENTO QUE TUVISTE QUE CONSTRUIR EL EQUIPO DEPORTIVO definitivo, pero solo pudiste elegir a un jugador. Si ese jugador se lesiona, toda tu temporada se arruina. Eso es lo que es comprar una sola acción. Es de alto riesgo, alta recompensa y extremadamente estresante.

La Estrategia del Genio Perezoso se trata de hacer que tu portafolio sea resiliente. Queremos un equipo de 500 jugadores estrella trabajando para ti, así que si uno tiene un mal día, los otros cargan con el peso. Esto se llama diversificación, y es, sin duda, el concepto más importante en la inversión a largo plazo.

¿Cómo compras 500 empresas sin tener que investigar 500 informes anuales? No lo haces. Compras un fondo.

Un fondo es simplemente una gran colección de activos—acciones, bonos, etc.—que ha sido empaquetada profesionalmente en un solo producto de inversión. Cuando compras una acción del fondo, estás adquiriendo pequeños pedazos de cada activo dentro de ese paquete. Es el trato de inversión definitivo dos por uno.

EL SECRETO DEL S&P 500: DIVERSIFICACIÓN INSTANTÁNEA

El método más simple, más efectivo y históricamente probado de invertir es usar un Fondo Indexado que siga el S&P 500.

¿Qué es el S&P 500? Es un índice que sigue el rendimiento de las 500 empresas que cotizan en bolsa más grandes de los Estados Unidos. Estamos hablando de los titanes de la industria: Apple, Microsoft, Amazon, Google, Tesla, Johnson & Johnson, Coca-Cola—las empresas que efectivamente dirigen el mundo moderno.

Cuando compras una acción en un Fondo Indexado S&P 500, no estás apostando por una sola empresa; estás apostando por todo el motor del negocio estadounidense.

Esta es la parte del "Genio Perezoso": Si inviertes $100 en un fondo S&P 500, has logrado instantáneamente un nivel de diversificación que antes tomaba semanas a los gestores de dinero profesionales para construir. Tu riesgo es dramáticamente menor que si hubieras puesto esos mismos $100 en una sola acción como GameStop.

Para la gran mayoría de los inversores a largo plazo, el S&P 500 es su activo de mejor rendimiento. ¿Por qué? Porque la economía estadounidense, a pesar de recesiones y crisis, siempre ha tendido a subir a largo plazo.

Los Dos Sabores de Fondos: ETF vs. Fondo de Inversión

Cuando accedes a tu aplicación de corretaje, verás fondos listados en dos estructuras principales: ETFs y Fondos de Inversión. Ambos contienen cestas de acciones, pero se comportan de manera diferente cuando los compras.

1. Fondos Cotizados en Bolsa (ETFs)

Los ETFs son la opción más moderna y amigable para los adolescentes.

Cómo funcionan: Se negocian exactamente como una acción. Si decides a las 11:00 AM que quieres comprar un ETF, presionas "comprar", y la transacción se ejecuta inmediatamente al precio de mercado actual.

Ventajas para los Adolescentes:

Bajos Mínimos: A menudo puedes comprar acciones fraccionarias de un ETF, lo que significa que puedes invertir con tan solo $5 o $10.

Flexibilidad: Puedes negociar fácilmente durante todo el día.

Bajos Costos: La mayoría de los ETFs importantes del S&P 500 tienen ratios de gastos extremadamente bajos (la tarifa que el fondo te cobra anualmente).

Ejemplo de ETFs del S&P 500: VOO, SPY, IVV.

2. Fondos de Inversión

Los fondos de inversión son la estructura de fondo clásica y más antigua.

Cómo funcionan: No se negocian durante todo el día. Cuando realizas un pedido para comprar un fondo de inversión, la transacción se ejecuta solo una vez, después de que el mercado cierra a las 4:00 PM (al precio del Valor Neto de los Activos).

Ventajas para los Adolescentes:

Fácil de Automatizar: Son excelentes para establecer compras automáticas recurrentes.

Desventajas para los Adolescentes:

Altos Mínimos: Muchos fondos de inversión requieren una inversión inicial de $1,000 o $3,000, lo que a menudo es demasiado alto para un inversor principiante.

Ejemplo de Fondos Mutuos S&P 500: FXAIX, VFIAX. (Nota: Fidelity y Vanguard a menudo renuncian a los mínimos si usas sus cuentas de corretaje específicas, pero el camino del ETF es generalmente más simple para comenzar.)

EL PLAN DEL PRINCIPIANTE: LOS FONDOS INDEXADOS SON REYES

Para tus primeras inversiones, que deberían constituir la mayor parte de tu cartera (como verás en el Capítulo 6), deberías apegarte casi exclusivamente a fondos indexados de bajo costo, específicamente aquellos que siguen el S&P 500 o el Mercado de Valores Total de EE. UU.

La estrategia del fondo indexado es lo opuesto al día de operaciones. Requiere un monitoreo mínimo, una investigación mínima y un estrés mínimo. Aprovecha el crecimiento de las empresas más grandes del mundo sin hacer que dependas de ninguna de ellas.

Si decides comprar VOO, ahora eres un accionista de 500 de las empresas más poderosas del mundo. Has tomado la elección inteligente de un genio perezoso. Has hecho el trabajo de un profesional experimentado con un clic.

CUÁNDO ACEPTAR LO ABURRIDO: DESPLEGANDO TUS 'FRENOS DE EMERGENCIA' CUANDO EL MERCADO DE VALORES SE VUELVE LOCO

Si el Capítulo 4 ha parecido una lección de alta octanaje en ciencia de cohetes, preparándote para lanzar tu dinero a la luna, esta sección se trata de instalar los frenos de emergencia.

Cuando eres joven, puedes permitirte ser agresivo (como discutimos, el tiempo es tu red de seguridad definitiva). Pero incluso el inversor más agresivo necesita un estabilizador —algo que no caerá en picada solo porque Elon Musk tuitee algo controvertido. Ahí es donde entran los activos aburridos y predecibles.

Estos activos son lo opuesto a las acciones. Las acciones te brindan propiedad y un alto potencial de crecimiento; estos activos te brindan estabilidad y rendimientos garantizados —aunque mínimos. Son los amortiguadores para tu cartera.

Bonos: Tú Eres el Banco

Cuando compras una acción, te conviertes en propietario (tenedor de capital). Cuando compras un bono, te conviertes en prestamista (tenedor de deuda).

Un bono es simplemente un elegante pagaré. Le estás prestando dinero a una entidad —generalmente una gran corporación (un Bono Corporativo) o un gobierno (un Bono del Tesoro). A cambio de tu préstamo, la entidad promete hacer tres cosas:

1. Devolverte la cantidad original (el principal) en una fecha específica (la fecha de vencimiento).

2. Pagarte pagos de interés regulares (llamados el cupón) en el camino.

Imagina que tu compañía de videojuegos masiva favorita necesita $50 millones para desarrollar su próximo título AAA. En lugar de vender más acciones (y diluir el valor de las acciones existentes), emiten bonos. Tú compras bonos por un valor de $1,000. Ahora te deben esos $1,000, y te pagarán tal vez un 4% de interés cada año hasta que el bono venza.

Por qué los bonos son aburridos (y por qué eso es bueno):

Los bonos son más seguros que las acciones porque los tenedores de deuda (propietarios de bonos) legalmente reciben su pago antes que los tenedores de capital (propietarios de acciones) si una empresa quiebra. La empresa debe cumplir primero con sus obligaciones de bonos. Debido a que son mucho menos volátiles, los bonos generalmente ofrecen rendimientos más bajos que las acciones.

Si el mercado de valores está cayendo y las acciones bajan un 30%, los bonos podrían bajar solo un 5% (o, a menudo, incluso podrían aumentar, ya que los inversores corren a buscar seguridad). Este efecto estabilizador es su superpoder.

Certificados de Depósito (CDs): El Tiempo de Inactividad Financiero

Mientras que los bonos son deuda emitida por corporaciones o gobiernos, los Certificados de Depósito (CDs) son el producto de ingresos fijos más simple y seguro ofrecido por los bancos.

Piensa en un CD como una cuenta de ahorros bloqueada. Depositas una suma de dinero en el CD y acuerdas dejarlo allí por un período fijo de tiempo—digamos, 6 meses, 1 año o 5 años. A cambio de bloquear tu dinero, el banco te garantiza una tasa de interés específica, ligeramente más alta que una cuenta de ahorros estándar.

La principal ventaja de los CDs es su seguridad a toda prueba. En EE. UU., los CDs mantenidos en bancos asegurados están protegidos por la FDIC (Corporación Federal de Seguros de Depósitos) hasta $250,000. Esto significa que incluso si el banco colapsa completamente, tu dinero está seguro y garantizado por el gobierno.

El Compromiso:

El compromiso por esta extrema seguridad es la liquidez y el rendimiento. Por lo general, no puedes tocar el dinero antes de que expire el término sin pagar una penalización (baja liquidez), y la tasa de interés es generalmente bastante baja en comparación con el potencial de crecimiento de las acciones.

Los Frenos de Emergencia de Tu Cartera

Entonces, ¿por qué necesita un joven inversor, completamente enfocado en el crecimiento, estas herramientas aburridas?

La razón principal es la gestión del riesgo y la estabilidad.

Para un joven inversor con un horizonte de tiempo de más de 40 años, la asignación de tu cartera debería ser probablemente del 80-95% de activos de crecimiento (acciones y fondos indexados). Pero el 5-20% restante asignado a activos seguros y estables (bonos o CDs) cumple dos funciones cruciales:

1. Absorción de Shock: Cuando inevitablemente ocurra la caída del mercado (y ocurrirá, varias veces a lo largo de tu vida), tus activos en acciones caerán en picada. Pero tus bonos y CDs mantendrán su valor, amortiguando el golpe general. Esto facilita dormir por la noche y te previene de entrar en pánico y vender todo.

2. Polvo Seco: Esta es la función más emocionante. Cuando el mercado de valores colapsa, todo se pone "en oferta". Si todo tu dinero está atado en acciones que caen, no puedes aprovechar las ofertas. Sin embargo, si tienes el 10% de tu cartera guardado de manera segura en bonos que no han perdido valor, puedes vender esos activos estables y usar ese dinero para comprar acciones altamente descontadas.

En esencia, los bonos y los CDs son tu fondo de emergencia disciplinado dentro del mundo de las inversiones. Aseguran que incluso cuando el mercado de valores se vuelve loco, tienes efectivo que retiene su valor, listo para ser utilizado para obtener el máximo beneficio cuando se asiente el polvo. Aceptas lo aburrido ahora para poder permitirte comprar lo emocionante más tarde.

LA TRAMPA CRIPTO Y LA PROPIEDAD FRACCIONADA: SEÑALES DE ADVERTENCIA Y CUÁNDO EVITAR ACTIVOS DE ALTO RIESGO

Hasta ahora, nos hemos centrado en activos que tienen una larga y comprobada trayectoria de crecimiento: acciones y bonos. Estos son los caballos de batalla del mundo financiero. Pero cuando exploras el mundo de las inversiones, inevitablemente escuchas sobre las cosas brillantes, nuevas y a menudo ruidosas. Estos son los activos alternativos, y aunque tienen un inmenso potencial futuro, también llevan un inmenso riesgo—especialmente para los nuevos inversores.

Estos activos alternativos incluyen cosas como criptomonedas (Bitcoin, Ethereum, etc.), capital de riesgo, coleccionables (zapatillas raras, arte), y cada vez más, propiedad fraccionada de bienes raíces o arte costoso.

La distinción fundamental que debes internalizar es esta: los fondos indexados y las acciones importantes son inversiones, lo que significa que representan propiedad en activos generadores de ingresos que han sido rigurosamente probados durante décadas. La mayoría de los activos alternativos, especialmente para principiantes, son pura especulación.

La regla clave para un principiante es: No toques estos activos hasta que tu cartera fundamental (fondos indexados, acciones de alta calidad) esté 100% establecida y estés contribuyendo a ella regularmente. Si sientes la necesidad de experimentar, dedica solo una pequeña cantidad de dinero—dinero que estés perfectamente bien perdiendo por completo.

LA TRAMPA CRIPTO: LA VOLATILIDAD NO ES CRECIMIENTO

La criptomoneda es a menudo el primer activo alternativo que capta la atención de un adolescente, y con buena razón. Es digital, es emocionante, y los titulares gritan constantemente sobre enormes ganancias que cambian la vida.

En su núcleo, la criptomoneda es un activo digital construido sobre la tecnología blockchain. Si bien la tecnología en sí es revolucionaria y puede sustentar los futuros sistemas financieros, las monedas digitales son altamente volátiles. No están ligadas a las ganancias o beneficios de una empresa (como una acción) o a un flujo de pagos (como un bono). Su valor se basa casi enteramente en el bombo, el sentimiento del mercado y la especulación.

Lo que esto significa en la práctica es que una criptomoneda específica puede aumentar un 400% en un mes y luego caer un 80% en la semana siguiente. Para un joven inversor, ver cómo tus iniciales $100 se convierten en $500 es emocionante; ver cómo se desploman nuevamente a $50 es una experiencia psicológica catastrófica que a menudo conduce a la venta por pánico.

SEÑALES DE ADVERTENCIA: EVITA LA ESPECULACIÓN DE ALTO RIESGO

1. La Promesa Nocturna: Si un activo promete hacerte rico de la noche a la mañana o es promovido en gran medida por influenciadores sin experiencia financiera, es una trampa especulativa.

2. Inversión Emocional: Las criptomonedas están impulsadas por el "Miedo a Perderse Algo" (FOMO). La verdadera inversión es aburrida, calculada y a largo plazo. El comercio

de criptomonedas rara vez es aburrido, lo que significa que raramente es una verdadera inversión.

3. Falta de Fundamentos: Es extremadamente difícil determinar el valor intrínseco de una criptomoneda. No puedes usar el ratio P/E o informes de ganancias trimestrales para juzgar si Bitcoin es barato o caro, lo que hace imposible hacer compras informadas.

Para el inversionista principiante, tu enfoque debe centrarse en maximizar la certeza matemática del interés compuesto, no en apostar por activos digitales volátiles.

PROPIEDAD FRACCIONADA: LA PREGUNTA DE LIQUIDEZ

Otra tendencia en aumento es la propiedad fraccionada. Esto implica comprar una pequeña pieza digital de un activo tradicionalmente ilíquido y costoso. El ejemplo más común es la propiedad fraccionada de bienes raíces (comprar el 0.1% de un edificio de apartamentos) o la propiedad fraccionada de autos deportivos caros o arte fino.

El Atractivo: Los bienes raíces son tradicionalmente una clase de activos fuerte y confiable que se mantiene al ritmo de la inflación. La propiedad fraccionada lo hace accesible para inversionistas con solo $100.

La Precaución: Aunque los bienes raíces son generalmente estables, el mercado fraccionado no lo es. Cuando compras una acción de un activo fraccionado, debes considerar el concepto de liquidez. La liquidez se refiere a cuán fácilmente y rápidamente puedes vender un activo y convertirlo de nuevo a efectivo sin perder valor.

Una acción en el S&P 500 es altamente líquida; puedes venderla en segundos durante el horario de mercado. Sin embargo, los bienes raíces fraccionados a menudo son ilíquidos. Puede que no haya un comprador inmediato para tu pequeña parte del edificio de apartamentos cuando necesites efectivo. Además, estas plataformas a menudo tienen altas tarifas de gestión, que disminuyen los ya lentos retornos de los bienes raíces.

El Veredicto sobre Alternativas

Los activos alternativos están reservados para el segmento de "dinero de juego" de una cartera ya diversificada y robusta. Para un adolescente que comienza, tu enfoque inicial debe ser la preservación del capital y el máximo crecimiento a través del interés compuesto —objetivos que se logran mejor mediante fondos indexados de bajo costo y una pequeña selección de acciones de alta calidad que pagan dividendos.

Si decides dedicar una parte de tu cartera a estos activos de alto riesgo, jamás excedas el 5% de tu capital total invertido, y trata ese 5% como una matrícula pagada para aprender sobre mercados de alto riesgo. Enriquécete lentamente y de manera segura antes de considerar apostar rápidamente.

CHAPTER FOUR

LA PERSPECTIVA DEL INSIDER: CÓMO IDENTIFICAR UNA ACCIÓN 10X ANTES DE QUE WALL STREET SIQUIERA LO NOTE

En el Capítulo 5 es donde hacemos la transición de ser buenos administradores de recursos a ser analistas de negocios inteligentes. Hasta ahora, nos hemos centrado en la red de seguridad—estableciendo la cuenta, definiendo objetivos y aprendiendo sobre activos fundamentales como los fondos indexados. Esa es la esencia de cualquier cartera estable.

Pero seamos realistas. Nadie se hizo rico solo poseyendo fondos indexados aburridos. Esos fondos proporcionan el lento y constante esfuerzo que te hace sentir cómodo. Las acciones 10X—las empresas que duplican, triplican o decuplican tu dinero—son las que realmente marcan la diferencia.

Estas acciones 10X son lo que estás buscando cuando dedicas del 20% al 40% de tu cartera a acciones de empresas individuales (como discutiremos en el Capítulo 6).

Para encontrarlas, necesitas la perspectiva de un insider. Esto no significa conocer secretos ilegales; significa aprender a ver el mundo a través de los ojos de un inversionista, no solo de un cliente. Significa reconocer que las cosas de las que tú y tus amigos ya están obsesionados podrían ser la próxima Apple o Amazon.

TU ARMA SECRETA: CONVERTIR TUS HÁBITOS DIARIOS (VIDEOJUEGOS, TRANSMISIÓN, COMPRAS) EN BENEFICIOS DE INVERSIÓN

La mayor mentira sobre la investigación de mercado es que requiere un traje, una hoja de cálculo y una oficina en la esquina de Wall Street.

¿La verdad? Como adolescente, tienes una ventaja masiva y desleal sobre la gran mayoría de los inversionistas profesionales que administran gigantescos fondos de cobertura: eres el adoptante tempranero. Eres el consumidor del futuro.

Mientras el analista de 50 años está ocupado leyendo informes trimestrales sobre procesos de fabricación obsoletos, tú estás viviendo el futuro tecnológico en este momento. Fuiste el que entendió el atractivo de TikTok antes de que fuera una tendencia internacional masiva. Sabes qué estudio de videojuegos está dominando la conversación. Sabes qué lanzamiento de zapatillas es el verdadero negocio y cuál ya está muerto.

Esta es la investigación cualitativa, y es oro. No necesitas leer informes elegantes; necesitas formalizar tus propias observaciones.

El objetivo aquí es cambiar tu perspectiva. Cada vez que abras una aplicación, compres un producto o uses un servicio de suscripción, hazte tres preguntas simples:

1. La Pregunta de la Lealtad: ¿Qué tan obsesionadas están las personas con este producto? ¿Es solo una moda temporal (como ese desafío de baile viral), o está arraigado en la vida diaria? (Piensa en la diferencia entre una nueva acción meme y Spotify: las personas dependen legítimamente de Spotify.) Alta lealtad significa una alta barrera de entrada para los competidores.

2. La Pregunta del Disruptor: ¿Esta empresa está haciendo algo radicalmente mejor, más barato o más rápido que las alternativas establecidas? (Piensa en cómo Netflix interrumpió a Blockbuster, o cómo un motor de videojuegos específico domina el rendimiento gráfico.) Busca negocios que simplifiquen la experiencia del usuario o redefinan completamente un mercado.

3. La Pregunta del Fosso: ¿Esta empresa tiene un "fosso" alrededor de su negocio? Un fosso es una ventaja única que hace casi imposible para los competidores robar sus clientes. Esto podría ser un poderoso reconocimiento de marca (como Nike), efectos de red masivos (como Discord o Facebook), o protección de patentes (como las empresas farmacéuticas). Una gran inversión tiene un profundo fosso lleno de caimanes.

Veamos un ejemplo concreto: Notas que cada transmisor que sigues está usando una marca específica de micrófono especializado o software de transmisión. Eso no es una coincidencia. Es una señal de que esta pieza particular de tecnología se está convirtiendo en el estándar de la industria. Tu siguiente paso no es comprar el producto, sino verificar quién posee la empresa y si está cotizada en bolsa.

Tus hábitos diarios son tu laboratorio de investigación de mercado personal y en tiempo real. Comienza una lista de empresas sobre las que tú y tus amigos están genuinamente emocionados. Estas empresas son tus candidatos de inversión.

LA PRUEBA DE VALORACIÓN DE 30 SEGUNDOS: CONOCER INSTANTÁNEAMENTE SI UNA ACCIÓN ESTÁ 'EN OFERTA' O ATERRADORAMENTE SOBREVALORADA

Está bien, has usado tu perspectiva de insider y encontrado la Compañía X, que fabricará la consola de videojuegos revolucionaria que todos querrán el próximo año. Genial. Pero antes de presionar el botón "Comprar", necesitas responder una pregunta vital: ¿Cuál es un precio justo a pagar?

Solo porque una empresa sea increíble no significa que su acción sea una buena inversión. Piensa en ello como comprar una zapatilla de colección: si la zapatilla es asombrosa, pero el vendedor quiere $5,000 por ella, probablemente no deberías comprarla, sin importar cuán genial sea. Está sobrevalorada.

Para evitar comprar empresas fantásticas a precios ridículos, usamos una herramienta simple llamada el Ratio Precio-Ganancias (P/E).

El Ratio P/E es el único indicador más crítico para un inversionista principiante. Esencialmente pregunta: ¿Cuánto están dispuestos a pagar los inversionistas por cada $1 que la empresa gana?

La Fórmula:

Ratio P/E = (Precio Actual de la Acción) / (Ganancias Anuales por Acción)

Si una acción se negocia a $100 y la empresa ganó $5 por acción durante el último año, el ratio P/E es 20 ($100 / $5 = 20). Esto significa que los inversionistas están dispuestos a pagar $20 por cada $1 de ganancia que genera la empresa.

Aquí está la traducción simple:

Bajo P/E (por ejemplo, 8 a 15): La acción se considera típicamente "barata" o "subvalorada" en relación con el dinero que actualmente está ganando. Esto puede ser una inversión de valor, pero cuidado: a veces una acción tiene un P/E bajo porque el mercado piensa que los mejores días de la empresa están detrás de ella.

P/E Moderado (por ejemplo, 15 a 25): Esto se considera generalmente "justamente valorado". Este rango a menudo sigue de cerca el P/E promedio del mercado de acciones en general (como el S&P 500).

Alto P/E (por ejemplo, 30+): Esto significa que la acción es "cara" en función de las ganancias actuales. Los inversores están dispuestos a pagar un sobreprecio porque esperan que las ganancias de la empresa exploten en el futuro. Estás pagando por el crecimiento anticipado.

La Prueba de 30 Segundos:

1. Busca la relación P/E para tu acción candidata. Tu plataforma de corretaje o cualquier sitio de noticias financieras importante (como Yahoo Finanzas) lista este número directamente en la página de resumen de la empresa.

2. Busca la relación P/E para su competidor más cercano o su promedio en la industria.

3. Compara. ¿Es el P/E de tu empresa 50, mientras que el de su rival es 20? Si es así, estás pagando 2.5 veces más por el potencial futuro de tu empresa. Esto no significa que sea una mala compra, pero significa que necesitas estar absolutamente seguro de que tus proyecciones de crecimiento son correctas. Si ese crecimiento no se materializa, el precio de la acción caerá.

Como un joven inversor en crecimiento, a menudo te inclinarás hacia acciones con un P/E ligeramente más alto porque estás buscando empresas que crecerán rápidamente. Pero siempre utiliza la relación P/E como tu verificación instantánea para asegurarte de que no estás pagando un precio absurdo por una empresa que aún no lo ha valido.

IGNORANDO EL 99% DE LAS NOTICIAS FINANCIERAS: LOS 4 ACTORES MACROECONÓMICOS CLAVE QUE REALMENTE MUEVEN TU DINERO

Si enciendes las noticias financieras durante las horas del mercado, suena como si el mundo estuviera terminando o entrando en una nueva edad dorada, todo en el transcurso de un anuncio comercial. Los analistas gritan sobre movimientos triviales diarios, y la sensación general es caos.

Esto es ruido, y es un asesino de la productividad. Tu trabajo como inversor a largo plazo es filtrar el 99% de ese ruido diario y concentrarte solo en los pocos grandes, lentos y macro-drivers que realmente impactan la economía a lo largo de los años, no horas.

Piénsalo de esta manera: el precio de la acción de una empresa individual (como un nuevo desarrollador de videojuegos) puede caer un 3% porque un crítico les dio una puntuación de 7/10. Eso es ruido. Pero si todo el mercado de valores cae un 10% en general, eso suele ser porque se ha activado uno de los siguientes cuatro palancas económicas.

Estos son los únicos cuatro temas financieros que necesitas revisar ocasionalmente:

1. El Costo del Dinero (Tasas de Interés)

Esta es la palanca más poderosa en la economía moderna, controlada principalmente por la Reserva Federal de EE. UU. (a menudo llamada "La Fed").

Cuando la Fed aumenta las tasas de interés, significa que los bancos deben cobrar más por los préstamos. De repente, cuesta más a las empresas pedir dinero prestado para construir nuevas fábricas, lanzar nuevos productos o contratar nuevos trabajadores. Esto desacelera el crecimiento. Para las acciones de crecimiento, que dependen en gran medida de dinero prestado barato, el aumento de las tasas es generalmente muy malas noticias. Cuando la Fed indica que las tasas están subiendo, las acciones de crecimiento generalmente caen.

Cuando la Fed baja las tasas de interés, el dinero es barato y abundante. Las empresas piden prestado libremente, invierten en gran medida y crecen rápidamente. Esto suele ser excelente para las acciones.

Acción: No observes la especulación minuto a minuto sobre la Fed. Espera sus anuncios oficiales sobre las tasas y comprende la dirección general (¿Están subiendo o bajando las tasas?).

2. Inflación

La inflación es la tasa a la que sube el precio general de bienes y servicios. Si notas que tu bebida energética favorita cuesta 20 centavos más esta semana que la semana pasada, eso es inflación en acción.

La alta inflación es un dolor de cabeza para las empresas porque sus costos por materiales, envío y mano de obra aumentan. Si una empresa no puede aumentar sus precios lo suficientemente rápido para mantenerse al día, sus márgenes de ganancia se reducen. Esto hace que sus acciones sean menos atractivas. Por otro lado, algunas empresas (como aquellas que poseen activos tangibles, como bienes raíces o materias primas) tienden a hacerlo mejor durante períodos de alta inflación.

3. Cambios Estructurales en Tecnología (El Tsunami)

Este es el juego a largo plazo. Estás buscando cambios tan masivos que redefinen la economía. Piensa en el auge de Internet en los 90, el teléfono inteligente en los 2000, o la IA en los 2020.

Cuando estos tsunamis golpean, crean oportunidades para nuevas empresas 10X, y también eliminan a las antiguas. Como inversor, necesitas identificar las tecnologías habilitadoras (por ejemplo, semiconductores, servicios de computación en la nube) que todos los innovadores posteriores tendrán que utilizar.

4. Gasto y Regulación Gubernamental

La política gubernamental crea ganadores y perdedores. Si el gobierno anuncia un gasto masivo en infraestructura, las empresas que fabrican cemento, acero y equipos de construcción probablemente ganarán. Si el gobierno anuncia nuevas regulaciones ambientales estrictas, las empresas líderes en tecnología de energía renovable se beneficiarán, mientras que los contaminadores pesados pueden sufrir.

Tu trabajo es leer los titulares sobre estos cuatro impulsores, entender su dirección y luego volver a tu vida diaria.

LA VERDAD CHOCANTE: POR QUÉ REVISAR TU PORTAFOLIO TODOS LOS DÍAS GARANTIZA QUE PERDERÁS DINERO

Si alguna vez te dijeron que debías revisar tu portafolio de acciones cada mañana para asegurarte de que todo esté bien, te dieron un consejo terrible.

De hecho, si verificas tu portafolio diariamente, estás aumentando drásticamente tus posibilidades de cometer errores emocionales que socavarán tus rendimientos a largo plazo.

Esto suena contradictorio, así que déjame explicarte por qué las revisiones diarias son una trampa financiera:

EL MERCADO A CORTO PLAZO ES ALEATORIO

Si miras el mercado de valores durante 20 años, es una hermosa línea inclinada hacia arriba (incluso con algunas caídas aterradoras). Si miras el mercado durante 20 minutos, es un lío caótico y sin sentido impulsado por algoritmos, rumores y pánicos momentáneos.

Cuando revisas tu portafolio diariamente, te estás enfocando completamente en el ruido. Estás magnificando las pequeñas fluctuaciones diarias irrelevantes. Una caída del 1% en el valor de tu portafolio podría hacerte sentir terrible y desencadenar una respuesta emocional como, "¡Oh no, necesito vender antes de que empeore!"

Esta es la forma principal en que los inversores pierden dinero: vendiendo buenas inversiones durante caídas temporales.

EL MITO DEL DAY TRADING

Muchos nuevos inversores—especialmente jóvenes hábiles con la tecnología—se ven atrapados en la emoción del day trading (comprar y vender acciones rápidamente en el mismo día o semana). Ven algunas victorias y piensan que pueden vencer al mercado.

La realidad estadística es brutal: Más del 90% de los traders de día pierden dinero. Las personas que ganan dinero son los traders institucionales con algoritmos de alta frecuencia, supercomputadoras y cero emoción. Estás llevando un rifle de aire comprimido a una guerra termonuclear.

Este libro trata sobre invertir—el acto de poseer una parte de un gran negocio durante mucho tiempo. No se trata de comerciar—el acto de adivinar hacia dónde se moverá una acción la próxima semana.

LA VENTAJA DEL TIEMPO

Tienes la única arma más poderosa en el mundo financiero: el tiempo. Una caída del 1% hoy no importa si tu empresa crece un 500% en los próximos 15 años.

Tu estrategia debe ser aburrida:

1. Investiga a fondo (utilizando los pasos anteriores).

2. Compra grandes empresas o fondos amplios regularmente (Promedio de Costo en Dólares, que cubriremos pronto).

3. Ignora el drama del día a día.

Recomendamos revisar tu portafolio mensualmente, o mejor aún, trimestralmente. Esto te permitirá verificar el reequilibrio (asegurarte de que tus proporciones no se hayan desviado demasiado) y evaluar el rendimiento a largo plazo, no el ruido a corto plazo.

Recuerda: El mercado de valores está diseñado para transferir riqueza de los impacientes a los pacientes. Sé paciente.

TU ARMA SECRETA: CONVERTIR TUS HÁBITOS DIARIOS (VIDEOJUEGOS, STREAMING, COMPRAS) EN BENEFICIOS DE INVERSIÓN

Wall Street es una cámara de eco. Está llena de personas que a menudo viven en una burbuja, analizando hojas de cálculo mientras se pierden completamente los cambios culturales que ocurren justo fuera de sus ventanas muy pulidas. Pasan semanas investigando si un nuevo producto tiene éxito, revisando informes de consumidores e intentando entrevistar a "expertos".

¿Pero tú? Tú ya lo sabes.

Tu vida diaria—las aplicaciones que usas, la ropa que compras, los juegos que transmites, los servicios de los que dependes para procrastinar en las tareas—es la herramienta de investigación de mercado más rápida y poderosa disponible. Eres el primer adoptador. Eres el consumidor principal. Eres, de facto, un interno.

Tu arma secreta como joven inversor es aprovechar este conocimiento para detectar empresas ganadoras antes de que el establecimiento se dé cuenta.

La tubería de consumidor a inversionista

Convertirse en un inversionista astuto no significa memorizar informes trimestrales; significa hacerse tres preguntas simples cada vez que te encuentres con un producto o servicio que amas:

1. ¿Es esto exitoso? (¿Todo el mundo está hablando de ello? ¿Mis amigos lo están usando constantemente?)

2. ¿Es esto pegajoso? (¿Es una tendencia pasajera, o es algo de lo que ahora dependo? Por ejemplo, comprar un par de zapatos de moda es una moda; necesitar Microsoft Office o Amazon Prime es pegajoso.)

3. ¿Quién está recibiendo el pago? (¿Qué empresa que cotiza en bolsa posee este producto o servicio?)

Este proceso transforma el consumo pasivo en análisis activo.

Videojuegos: Analizando la fiebre de microtransacciones

Veamos el mundo de los videojuegos. Un analista tradicional podría ver un estado de resultados de un desarrollador masivo como Electronic Arts (EA) o Take-Two Interactive (TTWO). Ven altos ingresos, pero no entienden por qué.

Tú sabes por qué. Sabes la diferencia entre un juego que se desvanece después de su lanzamiento y un juego que domina el ecosistema durante años a través de lanzamientos de contenido continuo y, críticamente, microtransacciones.

Si un juego tiene éxito vendiendo artículos digitales—skins, pases de batalla, contenido de temporada—eso no es solo "dinero extra"; es pura ganancia con un costo de fabricación mínimo. Cuando ves a todo tu grupo de amigos dispuestos a gastar $10 en un nuevo skin de personaje en un juego gratuito, no solo estás viendo una compra impulsiva; estás siendo testigo de un flujo de ingresos confiable y recurrente.

Paso de acción: En lugar de solo comprar el skin, identifica la empresa matriz e investiga su acción. ¿Están creciendo los números de ingresos gracias a este modelo de monetización tan exitoso? Si la respuesta es sí, has detectado un motor de ganancias.

Compras y tendencias: El poder del estatus

Mira los bienes físicos que tú y tus compañeros consideran prioritarios. A mediados de la década de 2010, los analistas eran escépticos de Lululemon (LULU), llamándolo una marca de nicho para entusiastas del yoga. Pero los jóvenes consumidores sabían más. Entendían que la marca se estaba convirtiendo en un símbolo de estatus, impulsando márgenes altos. La ropa se volvió ubicua—una declaración de moda adoptada por estudiantes de secundaria y universitarios en todo el país. Aquellos que invirtieron temprano basándose en esa observación inmediata del consumidor vieron grandes retornos.

Lo mismo se aplica hoy. ¿Qué marcas dominan los pasillos de tu escuela? ¿Son empresas sostenibles? ¿Están usando la tecnología de manera efectiva? ¿Se venden constantemente? Estos no son eventos aleatorios; son indicadores clave de demanda que se traducen directamente en altos precios de acciones.

Streaming y la economía de la atención

La batalla por tu atención es el juego más grande en los medios, y es librada por las empresas más grandes del mundo: Disney (DIS), Netflix (NFLX), Amazon (AMZN), entre otras.

Si observas que todos en tu círculo social están cancelando un servicio de streaming importante porque el contenido es monótono, o si todos se están inscribiendo en una nueva plataforma de nicho que está aplastando a la competencia, esa es información de inversión crucial.

A finales de la década de 2010, muchos adolescentes migraron su consumo de entretenimiento por completo de la televisión por cable a plataformas como Netflix y YouTube. Wall Street eventualmente se puso al día, pero las personas que vivieron ese cambio—los consumidores—tuvieron la visión más clara de la magnitud de ese cambio.

La regla de oro de la inversión en consumidores

Utiliza tu experiencia para identificar las empresas que resuelven problemas modernos mejor que su competencia. Pregúntate:

1. ¿Qué aplicaciones abro diariamente y de las que dependo absolutamente? (Podría ser Microsoft, Google o una empresa de software más pequeña.)

2. ¿Qué productos están tan bien diseñados que la gente está dispuesta a pagar un precio premium por ellos? (Piensa en Apple o empresas específicas de zapatillas de alta gama.)

3. ¿Qué servicios hacen mi vida más fácil o entretenida, y no parecen tener reemplazo viable? (Estos a menudo incluyen almacenamiento en la nube, procesadores de pagos o gigantes logísticos.)

Cuando identificas una empresa que domina con éxito un hábito en tu vida diaria, has encontrado un posible ganador a largo plazo. El siguiente paso, que analizamos en la siguiente sección, es aplicar métricas de valoración simples para confirmar si el precio de la empresa coincide con su evidente poder.

No necesitas ser un experto en finanzas para detectar un producto exitoso; solo necesitas ser un consumidor exitoso. Tu tarea no es un libro de texto; es tu vida diaria. Empieza a prestar atención a quién está recolectando el dinero cada vez que haces clic, transmites o compras.

LA PRUEBA DE VALORACIÓN DE 30 SEGUNDOS: SABIENDO INSTANTÁNEAMENTE SI UNA ACCIÓN ESTÁ 'EN OFERTA' O ENORMEMENTE SOBREVALORADA

HAS APRENDIDO A IDENTIFICAR EMPRESAS QUE SON EXITOSAS—EMPRESAS QUE hacen productos que amas y que tienen una ventaja competitiva. Ese es el primer paso.

El segundo paso, el que separa a los inversionistas inteligentes de los incautos, es averiguar si la acción de esa empresa realmente vale el precio que tiene en este momento. No pagarías $500 por una consola de videojuegos que cuesta $200 en otros lugares, ¿cierto? Sin embargo, esto sucede todos los días en el mercado de valores. La gente paga de más por grandes empresas simplemente porque son populares.

Para evitar esto, necesitas la herramienta más importante en el análisis básico de acciones: el cociente Precio-Ganancia, o P/E.

¿Qué es el cociente P/E?

El cociente P/E es tu prueba de valoración de 30 segundos. Te dice exactamente cuánto están dispuestos a pagar los inversionistas por cada dólar de ganancia anual que genera una empresa. Se calcula de manera simple:

Cociente P/E = Precio de la acción / Ganancias por acción (EPS)

Piénsalo de esta manera: El cociente P/E está preguntando, "¿Cuántos años de las ganancias actuales de esta empresa estoy pagando en este momento?"

Si la acción de una empresa se está negociando a $100 por acción, y generó $5 en ganancias (ingresos) por acción el último año, el cociente P/E es 20 ($100 / $5 = 20).

Esto significa que esencialmente estás pagando 20 años de ganancias actuales por esa única acción.

La prueba instantánea de acidez es simple: Cuanto más bajo sea el número P/E, más barata es la acción en relación con sus ganancias actuales. Cuanto más alto sea el número P/E, más cara es en relación con sus ganancias actuales.

Cuándo una acción está enormemente sobrevalorada (alta P/E)

Si ves una acción con un cociente P/E de 50, 80 o incluso 100, estás mirando una acción muy cara. Pero, ¿por qué alguien pagaría 100 veces las ganancias anuales de la compañía?

La respuesta es Esperanza Futura.

Las empresas con altos cocientes P/E suelen ser acciones de hipercrecimiento (como ciertas empresas tecnológicas o biotecnológicas en auge). El mercado no está pagando por lo que la empresa hizo el año pasado; están apostando fuertemente a lo que la empresa hará dentro de cinco o diez años. Esperan que las ganancias se dupliquen o tripliquen muy rápidamente, haciendo que ese 100 P/E parezca un 30 P/E en retrospectiva.

Este es el punto donde el riesgo es más alto. Si la empresa no logra entregar ese crecimiento explosivo, el precio de la acción se desploma de inmediato porque la valoración se basó puramente en un optimismo extremo.

Ejemplo: Si una nueva empresa de IA en auge tiene un P/E de 90, significa que los inversionistas están pagando un enorme "impuesto de hype" basado en la suposición de que la IA dominará el mundo.

Cuando una acción está 'en oferta' (bajo P/E)

Si encuentras una empresa sólida y estable con un cociente P/E por debajo de 15 (a veces incluso por debajo de 10), esto sugiere que la acción se está negociando a bajo precio en relación con su flujo de caja actual. Estas suelen llamarse "acciones de valor."

Estas empresas son generalmente negocios maduros y establecidos—grandes bancos, compañías de servicios públicos, o grandes firmas manufactureras. No se espera que crezcan un 50% año con año, pero son generadoras de ganancias confiables. Cuando compras una acción de bajo P/E, estás comprando una gran cantidad de ganancias reales y probadas a un precio relativamente bajo.

Esto ofrece un margen de seguridad. Si la empresa se está negociando a 10 veces las ganancias (P/E de 10), incluso si el mercado se vuelve volátil, es menos probable que el precio se desplome porque las ganancias subyacentes son reales y consistentes.

Usando el P/E correctamente: El contexto es clave

Si bien la relación P/E es la prueba definitiva de 30 segundos, debes usarla con contexto. No puedes comparar una empresa de servicios públicos (estable, bajo crecimiento) con un P/E de 12 con una empresa de streaming (alto crecimiento, altos costos de expansión) con un P/E de 60 y concluir que la empresa de streaming está "sobrevalorada". Operan en mundos diferentes con expectativas diferentes.

Para usar la prueba P/E de manera efectiva, compara:

1. El P/E actual de la empresa con su P/E promedio histórico. ¿Es más barato o más caro de lo que suele ser?

2. El P/E de la empresa con el P/E de sus competidores directos en la misma industria. ¿Es más barato que sus rivales directos?

Si encuentras una empresa que amas que opera en una industria de rápido crecimiento, y su relación P/E es significativamente más baja que la de sus pares, felicitaciones—puedes haber encontrado un activo que actualmente está "en oferta". Esta métrica rápida te ayuda a ir más allá de simplemente comprar una marca y te obliga a concentrarte en los números fríos y duros de la rentabilidad.

IGNORANDO EL 99% DE LAS NOTICIAS FINANCIERAS: LOS 4 MACRO-IMPULSORES CLAVE QUE REALMENTE MUEVEN TU DINERO

Acabas de pasar horas investigando las relaciones P/E y entendiendo qué empresas son fundamentalmente sólidas. Ahora, enciendes las noticias financieras para validar tus elecciones y, de inmediato, estalla el caos.

Un comentarista grita: "¡El mercado está colapsando! ¡Vende todo!" Otro presentador predice un rally masivo basado en un tweet de un CEO desconocido. La pantalla parpadea con flechas rojas, gráficos complejos y titulares que cambian cada cuatro minutos.

Aquí está tu arma secreta: Ignora el 99% de ese ruido.

Si estás invirtiendo a largo plazo—lo cual debes hacer como inversionista joven—entonces las fluctuaciones diarias, semanales o incluso mensuales del mercado son distracciones. Son chismes, no información. Tratar de operar basado en noticias diarias es como intentar conducir a través del país mirando constantemente por el espejo retrovisor.

En lugar de perseguir titulares, necesitas entender los cuatro enormes impulsores lentos que realmente mueven el mercado a largo plazo. Estos macro-impulsores afectan a cada empresa, desde Apple hasta el pequeño banco regional, y son las únicas noticias que valen la pena seguir unas pocas veces al año.

LOS CUATRO MACRO-IMPULSORES QUE IMPORTAN

CUANDO ESCUCHES UN INFORME FINANCIERO, PREGÚNTATE: ¿ESTO ESTÁ RELACIOnado con una de las cuatro fuerzas fundamentales enumeradas a continuación? Si la respuesta es no, deja de leer.

1. Tasa de Interés: El Precio del Dinero

Piensa en la economía como una enorme máquina de endeudamiento. Las empresas piden dinero prestado para construir nuevas fábricas, contratar nuevo personal y desarrollar nuevos productos. Los consumidores piden dinero prestado para comprar casas o coches.

Las tasas de interés son el costo de ese endeudamiento, y están controladas en gran medida por los bancos centrales, como la Reserva Federal (The Fed) en los EE. UU.

El Impacto:

Bajas tasas de interés: Pedir prestado es barato. Las empresas se expanden rápidamente, lo que aumenta los beneficios y generalmente eleva los precios de las acciones. Esto es combustible a reacción para el mercado.

Altas tasas de interés: Pedir prestado es caro. Las empresas ralentizan la expansión, lo que puede reducir las ganancias. La deuda se vuelve más difícil de gestionar. Esto actúa como un lastre en el mercado, a veces causando caídas en los precios.

Cuando la Fed habla sobre aumentar o disminuir las tasas, todo el mercado presta atención, porque están cambiando la atracción gravitacional de la economía.

2. Inflación: El Poder Decreciente del Efectivo

La inflación es simplemente la tasa a la cual el costo general de bienes y servicios aumenta, y, en consecuencia, el poder adquisitivo de tu dólar disminuye. Si la inflación es del 5%, eso significa que un boleto de cine de $10 costará $10.50 el próximo año.

El Impacto:

Si ahorras efectivo debajo de tu colchón mientras la inflación está al 5%, estás perdiendo el 5% de tu riqueza cada año. La inflación es la razón más grande por la cual ahorra dinero falla, y por la cual invertir es obligatorio.

Los inversionistas reaccionan a la inflación principalmente porque los bancos centrales reaccionan a ella. Si la inflación se dispara demasiado, la respuesta automática del banco central es subir las tasas de interés (Impulsor 1) para enfriar la economía. La inflación a menudo dicta el costo de las materias primas y la mano de obra, impactando directamente los márgenes de beneficio de las empresas.

3. Desarrollo Tecnológico y Social

Si bien los dos primeros impulsores son económicos, este tercer impulsor se trata de innovación: el motor de creación de riqueza a largo plazo más grande. Esto incluye cambios tecnológicos (IA, biotecnología, tecnología espacial, blockchain) y cambios sociales fundamentales (la transición a la energía renovable, cambios demográficos, trabajo remoto).

El Impacto:

Estos desarrollos determinan qué empresas ganan y cuáles se extinguen en la siguiente década. ¿Invertiste en empresas que fabricaban reproductores de CD en 2005? Vaya. ¿Invertiste en empresas de streaming en 2010? Felicitaciones.

Como adolescente, esta es tu mayor ventaja. Entiendes mejor las tendencias emergentes y los hábitos de consumo que los analistas de 50 años en Wall Street. Presta atención a lo que tu generación está adoptando, porque esas empresas son los líderes del mercado del mañana.

4. Salud y Estabilidad Económica Global

Este impulsor abarca el estado general de la economía global: ¿Estamos en un período fuerte de crecimiento, o nos enfrentamos a una recesión? ¿Hay algún conflicto geopolítico importante (guerra, aranceles comerciales) o una crisis global (como una pandemia) que cambie fundamentalmente las cadenas de suministro y el comportamiento del consumidor?

El Impacto:

Cuando las economías están sanas, el empleo es alto, las personas gastan dinero y los beneficios corporativos florecen. Esto crea un mercado alcista (un mercado en ascenso).

Cuando la estabilidad está amenazada (recesiones, guerras), la confianza cae. Los consumidores reducen el gasto y los inversionistas reducen el riesgo. Esto causa mercados bajistas (mercados en caída).

Como inversionista a largo plazo, ignoras el miedo diario, pero prestas atención a los cambios fundamentales en la fortaleza económica. Por ejemplo, saber si se prevé que las principales economías (como EE. UU. o China) entren en recesión te permite anticipar caídas más amplias en los beneficios corporativos, pero nunca debería llevarte a vender con pánico tus activos de alta calidad a largo plazo.

Concéntrate en estas cuatro corrientes principales. Ellas te cuentan la historia de los próximos cinco a diez años. Todo lo demás es solo comentario.

LA VERDAD CHOCANTE: POR QUÉ REVISAR TU CARTERA TODOS LOS DÍAS GARANTIZA QUE PERDERÁS DINERO

Cuando abriste tu cuenta de inversión, podrías haber sentido un subidón de adrenalina. ¡Es emocionante! De repente, ese dinero que ganaste apilando estantes o paseando perros está trabajando para ti. Es natural querer revisar tu teléfono cada pocas horas para ver si las acciones de Apple acabaron de comprarte un nuevo par de auriculares.

Detente. Deja el teléfono. Elimina el ícono de la aplicación si es necesario.

La verdad impactante sobre la inversión exitosa—especialmente para los jóvenes—es que cuanto más a menudo mires tu cartera, mayores serán las posibilidades de que cometas un error estúpido y emocional y pierdas dinero. Revisar tu cartera a diario es la manera más rápida de sabotear la mayor ventaja que tienes: el tiempo.

Este libro es tu manual para convertirte en un campeón del interés compuesto durante varias décadas. No es en absoluto una guía para el comercio diario.

POR QUÉ EL MONITOREO DIARIO ES TU ENEMIGO

Piense en tus inversiones como plantar una semilla en el jardín. Sabes que esa semilla se convertirá en un enorme árbol en veinte años. Si la desentierras cada mañana para ver si las raíces se han extendido 1/16 de pulgada, no estás ayudándola a crecer; la estás matando.

El mercado de valores está impulsado por dos cosas: el crecimiento económico a largo plazo y la emoción humana a corto plazo. Cuando revisas el precio cada hora, te estás enfocando únicamente en la emoción a corto plazo—el ruido.

El valor de una empresa fantástica como Google no cambia realmente porque algún fondo de cobertura vendió mil millones de dólares en acciones a las 11:30 AM. Pero cuando ves ese descenso momentáneo reflejado en tu cuenta, tu cerebro no lo registra como una fluctuación técnica temporal. Grita: "¡PÉRDIDA! ¡VENDE AHORA!"

Esto se llama venta por pánico, y es el hábito más destructivo que un inversionista puede tener. Invertir está diseñado para recompensar la paciencia; revisar a diario está diseñado para recompensar la impaciencia.

EL COMERCIO DIARIO: LA CANCIÓN DE SIRENA DEL ESTRÉS

Si has escuchado historias de personas ganando miles de dólares comprando y vendiendo acciones diez veces al día, has oído hablar del day trading. Suena glamuroso, pero para el 99% de las personas, especialmente los principiantes, es un camino exprés hacia la pérdida de capital.

El day trading requiere enormes cantidades de tiempo, software especializado, un profundo conocimiento del mercado y una voluntad de hierro. Es un trabajo a tiempo completo. Es una forma de juego. Tu objetivo, en contraste, es aprovechar el interés compuesto para que tu dinero trabaje mientras estás en clase, jugando videojuegos o durmiendo.

Tu estrategia es 'Ponlo y Olvídalo' (principalmente). La estrategia del day trading es 'Mira la Pantalla Hasta Quedarte Ciego'. Adhiérete a la estrategia que realmente te hace rico sin arruinar tu vida.

LA CAÍDA INEVITABLE: OPORTUNIDAD, NO DESASTRE

El mercado no siempre sube. Caerá. Se desplomará. Esto está garantizado. En tu vida como inversor, verás múltiples recesiones y crisis financieras.

Cuando esto suceda—cuando las noticias griten sobre un "colapso del mercado" y tu cartera esté abajo un 20%—la tentación de retirar todo tu dinero será inmensa. Tu cerebro te dirá: "¡Sal antes de que lo pierdas todo!"

Pero recuerda este principio simple: Una pérdida solo se realiza cuando vendes.

Cuando el mercado cae, tus fondos indexados de calidad y las empresas individuales sólidas no se convierten de repente en malos negocios. Se vuelven descontadas. Ahora están "en oferta".

Si habías planeado comprar $100 en un fondo del S&P 500 cada mes, y el precio cae un 15%, tu contribución de $100 ahora compra un 15% más de acciones. Literalmente estás adquiriendo más activos por la misma cantidad de dinero. Así es como los inversores inteligentes hacen fortunas. No entran en pánico; compran a bajo precio.

Si revisas tu cartera diariamente, sentirás el dolor de esa caída del 20% demasiado agudamente y venderás, cementando tu pérdida justo antes de que comience la recuperación. Si revisas trimestralmente, ves la caída, la soportas y sigues comprando a precios bajos.

Tu trabajo como joven inversor es simple:

1. Invierte regularmente (Promedio de Costo en Dólares).

2. Invierte en activos de calidad (Fondos indexados y grandes empresas).

3. No hagas nada más.

Limítate a revisar tu cuenta una vez al mes, o mejor aún, una vez cada trimestre. Esta paciencia disciplinada es el secreto oculto para la riqueza a largo plazo que el murmullo diario del mercado nunca revela.

CHAPTER FIVE

LA PLATAFORMA DE LANZAMIENTO DE RIQUEZA DE 7 DÍAS: CONSTRUYENDO TU PRIMER PORTAFOLIO 'PONLO Y OLVÍDALO' (DÍAS 1-3)

Felicidades. Lo lograste. Tienes la mentalidad (Capítulo 1), las habilidades de gestión del dinero (Capítulo 2), la configuración de la cuenta (Capítulo 3) y el conocimiento de qué activos existen (Capítulo 4), además de un poco de habilidad investigadora (Capítulo 5).

Ahora es el momento de pasar de la teoría a la acción. Este es el momento en que dejas de leer sobre invertir y comienzas a invertir realmente.

Los próximos siete días están estructurados para llevarte a través de todo el proceso de construir, ejecutar y automatizar tu primer portafolio. Vamos a tomar decisiones que establecerán el rumbo de tu futuro financiero. Este capítulo cubre los Días 1 a 3—la fase de planificación y selección. Para cuando termines esto, sabrás exactamente qué activos comprar y cuánto dinero dedicar a cada uno.

Prepárate para construir la máquina de riqueza.

Día 1: La 'Prueba del Sueño' - Descubriendo Tu Verdadero Apetito de Inversión (Por Qué Ser Joven Significa Que Puedes Permitir Ser Imprudente)

Antes de comprar una sola acción, necesitas entender tu relación con el riesgo.

La mayoría de los libros de inversiones tratan el riesgo como una palabra de cuatro letras. Te dicen que seas seguro, conservador y te adhieras a activos aburridos. Pero adivina qué. La mayoría de los libros de inversión no están escritos para adolescentes de 16 años con un horizonte de inversión que abarca las próximas cinco décadas.

Tu mayor superpoder financiero en este momento es el tiempo. El tiempo es el gran neutralizador de la volatilidad del mercado. Si el mercado de valores cae un 20% el próximo año, eso afecta a un adulto que planea jubilarse en cinco años. Pero para ti, significa que todo está en oferta, y tienes 40 años para que se recupere—y más.

Por lo tanto, tu edad te permite ser financieramente “imprudente”. Esto no significa jugar tu mesada en acciones de memes; significa aceptar una mayor volatilidad (y por lo tanto, un mayor potencial de crecimiento) porque tienes el tiempo para soportar cualquier caída a corto plazo.

La "Prueba del Sueño"

Tu tolerancia al riesgo es simplemente la cantidad de fluctuación del mercado que puedes soportar sin entrar en pánico y vender todo. Llamamos a esto la Prueba del Sueño: Si el mercado cae un 15% de la noche a la mañana, ¿puedes dormir tranquilo, sabiendo que históricamente, el mercado siempre se recupera y luego sube más? ¿O estás mirando al techo, listo para liquidar todo con pérdida?

Tómate un momento para evaluar dónde te encuentras:

1. Conservador (Bajo Riesgo): Estás ahorrando dinero para algo crítico en los próximos 1-3 años (por ejemplo, un pago específico de universidad, un artículo de alto costo). No puedes permitirte caídas importantes.

Estrategia: Enfócate intensamente en bonos, CDs y fondos indexados muy estables. (No recomendado para la mayoría de los inversores adolescentes).

2. Moderado (Riesgo Medio): Estás dispuesto a ver cómo tu cuenta baja un 10-20% sabiendo que se recuperará, pero las caídas importantes te causan algo de estrés.

Estrategia: Una mezcla saludable de fondos indexados amplios y una pequeña asignación a acciones de crecimiento individuales. (El punto óptimo para muchos principiantes).

3. Agresivo (Alto Riesgo): Ves un colapso del mercado como una oportunidad de compra. Estás invirtiendo por décadas, y la volatilidad a corto plazo no te asusta porque tu objetivo es el máximo crecimiento a largo plazo.

Estrategia: Pesado en fondos indexados de acciones de alto crecimiento y una mayor porción dedicada a acciones individuales investigadas. (Muy recomendado para los inversores adolescentes que se toman en serio la creación de riqueza).

LA CONFIGURACIÓN PREDETERMINADA PARA EL JOVEN INVERSOR

PORQUE ESTÁS JUGANDO A LARGO PLAZO (EL JUEGO DE LAS DÉCADAS), TU CONFIGURACIÓN predeterminada debe ser Moderada a Agresiva. Estás optimizando para el crecimiento, no para la estabilidad. La estabilidad es para las personas que necesitan el efectivo a corto plazo. Estás acumulando activos que tendrán tiempo para acumularse exponencialmente.

El Día 1 se completa cuando has evaluado honestamente tu tolerancia. Vamos a construir el portafolio basado en un mandato de Crecimiento Agresivo: máxima exposición al mercado de valores, matizada por una diversificación inteligente.

Día 2: La Red de Seguridad del 80%: Seleccionando los 3 Tickers Que Garantizaron Crecimiento Durante Décadas

Bienvenido al Día 2: Los Fundamentos.

Cuando construyes un rascacielos, no comienzas con el penthouse; comienzas con una base de concreto irrompible. En tu portafolio, esa base está compuesta por fondos indexados amplios y de bajo costo.

Esta sección, que representa del 60% al 80% de tu capital de inversión total, es la parte "Ponlo y Olvídalo" de tu cartera. Tu objetivo aquí es comprar la economía global, asegurándote de que, sin importar qué empresa gane o pierda, tu cartera global siga beneficiándose.

La clave de tu red de seguridad es que debe estar invertida en algo que históricamente ha promediado entre un 8% y un 10% de retornos anuales durante el último siglo—que es todo el mercado de valores.

Los Tres Pilares de Tu Portafolio Básico

Vamos a dividir tu red de seguridad central en tres simples y amplias categorías. Solo necesitas elegir un ticker de cada categoría, y ya está.

Pilar 1: El Titán del Mercado de EE.UU. (40-50% del Portafolio Total)

Esta es tu participación en las 500 empresas más grandes de Estados Unidos (el S&P 500). Si Apple, Microsoft, Google y Amazon lo están haciendo bien, esta inversión va bien. Es el motor más confiable de creación de riqueza en la historia.

Tickers Clave para Buscar (Busca la menor relación de gastos):

VOO (ETF S&P 500 de Vanguard)

IVV (ETF Core S&P 500 de iShares)

FXAIX (Fondo Indexado 500 de Fidelity)

Pilar 2: La Barrida del Mercado Total (10-20% del Portafolio Total)

Si bien el S&P 500 es excelente, no incluye empresas más pequeñas que podrían estar creciendo más rápido. El fondo del Mercado de Valores de EE.UU. Total incluye el S&P 500 más miles de empresas medianas y pequeñas, dándote una cobertura completa de la economía estadounidense.

Tickers Clave para Buscar:

VTI (ETF Total de Mercado de Valores de Vanguard)

ITOT (ETF Core del Mercado de Valores de EE.UU. Total de iShares)

Pilar 3: El Jugador Internacional (10-20% del Portafolio Total)

El mundo es un lugar grande, y a veces el mejor crecimiento ocurre en el extranjero (en Japón, Alemania, mercados emergentes, etc.). Colocar una parte de tu dinero aquí asegura que si el mercado estadounidense tiene una mala década, tus inversiones internacionales puedan compensar. Esta es una diversificación crucial.

Tickers Clave para Buscar:

VXUS (Vanguard Total International Stock ETF)

IXUS (iShares Core MSCI Total International Stock ETF)

Por qué el 80% va aquí

Esta base garantiza que participes en el crecimiento histórico y compuesto del mercado mientras minimizas el esfuerzo requerido de tu parte. Nunca tienes que investigar estas acciones; solo tienes que confiar en que la economía global seguirá creciendo en los próximos 40 años. Si crees que la ingeniosidad humana y el capitalismo continuarán, entonces este 80% está garantizado para crecer.

Día 3: El Golpe de Beneficio: Cómo Identificar 2 'Atacantes' de Alto Crecimiento para Aumentar tus Retornos en un 25%

Ahora viene la parte divertida. Después de asegurar tu base del 60-80%, te queda un 20% a 40% de tu capital. Llamamos a estos tus "Atacantes".

En un partido de fútbol, los defensores y el portero son tu S&P 500; son confiables y previenen pérdidas catastróficas. Pero los atacantes, ellos son los que marcan los goles.

El objetivo de esta parte no es la seguridad; es el rendimiento. Tu objetivo es identificar a la próxima Apple o Tesla antes de que se conviertan en nombres familiares, o al menos identificar las empresas que crees que dominarán su sector durante la próxima década.

Este es el lugar donde aplicas los métodos de investigación del Capítulo 5.

El Plan de Estrategia del Atacante (Asignación del 20-40%)

Limítate a comprar de 3 a 5 acciones individuales o ETFs de nicho de alto crecimiento en esta parte. Cualquier cosa más de cinco se vuelve demasiado compleja para seguir, y pierdes la concentración necesaria para obtener grandes ganancias.

Paso 1: Enfócate en lo que Conoces (La Ventaja del Consumidor)

¿Recuerdas el Capítulo 5? Usa tu perspectiva como un consumidor astuto.

¿Estás obsesionado con una nueva marca directa al consumidor, una empresa de videojuegos o una plataforma social que ha explotado en el último año?

¿Hay una empresa cuyo producto es tan bueno que no puedes imaginar que un competidor le robe su cuota de mercado en los próximos cinco años? (Piensa en software, streaming, fabricación de chips.)

¿Hay una industria que es claramente el futuro (IA, espacio, genómica) y conoces a un líder fuerte en ese espacio?

Paso 2: Aplica la Prueba de Valoración de 30 Segundos (La Verificación de P/E)

Antes de comprar, revisa rápidamente la relación Precio-Ganancias (P/E) de la empresa.

Si el P/E es extremadamente bajo (menos de 10), podría señalar una empresa profundamente subvaluada, o podría señalar una que está muriendo. Procede con precaución.

Si el P/E es muy alto (más de 50), significa que los inversores están valorando un enorme crecimiento futuro. Comprar estas acciones es arriesgado porque si el crecimiento se desacelera incluso un poco, el precio de la acción puede desplomarse.

Busca empresas fuertes y en crecimiento con razones P/E razonables (15 a 30) que muestren ingresos y ganancias constantes.

Paso 3: Define tu Tesis de Mantenimiento

No compres una acción solo porque alguien en Internet te lo dijo. Debes escribir (incluso mentalmente) por qué la posees. Esta es tu Tesis de Mantenimiento.

Ejemplo de Tesis para una Empresa de Videojuegos (GME): "Poseo esta acción porque creo que su CEO tiene un plan revolucionario para llevar a la empresa a una plataforma de videojuegos en metaverso integrada con blockchain que dominará la industria para 2030."

Si tu tesis se rompe (por ejemplo, el CEO renuncia, el plan fracasa), entonces vendes. Si la acción baja un 20% pero tu tesis sigue siendo sólida, mantienes—o incluso compras más.

Esta parte del 20-40% te permite tomar riesgos calculados que podrían aumentar significativamente tus retornos totales, dándote una ventaja sobre los inversores que solo se apegan a los fondos indexados. El Día 3 se trata de seleccionar estos posibles home runs.

El Escudo de Hierro: Cómo Proteger tu Portafolio para que una Mala Acción Nunca Te Pueda Arruinar

¡Felicidades! Has identificado los jugadores para tu equipo: la defensa sólida (fondos indexados) y la ofensiva potente (acciones individuales). Ahora, necesitamos finalizar la asignación para crear el Escudo de Hierro: diversificación.

La diversificación es la póliza de seguro de la inversión. Simplemente significa asegurarse de que ningún evento, activo o empresa pueda arruinar todo tu futuro financiero. Logras la diversificación dividiendo tu dinero en diferentes sectores, tamaños de empresas y geografías.

La Plantilla de Asignación del Portafolio Inicial

Dado que eres joven y agresivo, aquí tienes una plantilla altamente efectiva y de bajo mantenimiento diseñada para un crecimiento máximo y un mantenimiento mínimo:

El Portafolio Inicial de Crecimiento Agresivo 70/30

Portfolio Slice	**Allocation**	**Purpose**	**Examples (Tickers)**
Broad Market Core	70%	Safety & Guaranteed Growth	VOO, VTI, VXUS (Split among the three)
Individual Strikers	30%	High-Growth Potential	3-5 individual stocks (e.g., tech, clean energy, gaming)

¿Por qué funciona tan bien esta asignación?

1. El Peso de la Confiabilidad: Incluso si dos de tus acciones individuales quiebran (y sí, podrían), solo pierdes una pequeña fracción de tu capital total. El 70% invertido en el mercado amplio absorberá el impacto y continuará capitalizando, lo que significa que la salud general de tu portafolio permanece fuerte.

2. Control Emocional: Si el mercado baja, sabes que la mayor parte de tu dinero está asegurada en fondos indexados de bajo costo y resistentes. Esto previene la venta en pánico que cuesta fortunas a los inversores aficionados.

3. Máxima Ventaja Temporal: Al dedicar el 70% a activos de crecimiento (todas acciones, sin bonos aún), maximizas el potencial de capitalización a lo largo de décadas.

El Paso de Protección Final: Promedio de Costos en Dólares

Cubriré la ejecución en el Capítulo 7, pero el componente final del Escudo de Hierro es decidir invertir regularmente. Cuando inviertes una cantidad fija de dinero a intervalos regulares (digamos, $50 cada sueldo), estás practicando el Promedio de Costos en Dólares (DCA).

El DCA es un Escudo de Hierro porque te protege del error emocional de intentar "cronificar el mercado". No tienes que adivinar si el precio de mañana será más bajo o más alto. Compras independientemente. Si el precio es bajo, obtienes más acciones. Si el precio es alto, obtienes menos. A largo plazo, este enfoque disciplinado y automatizado supera consistentemente a quienes intentan adivinar las caídas y picos.

Ahora tienes un plan completo, investigado y evaluado en cuanto a riesgos. Los Días 1, 2 y 3 han terminado. Sabes de dónde proviene tu dinero y exactamente a dónde va. En el próximo capítulo, ejecutamos el plan configurando la automatización y realizando esas primeras operaciones cruciales.

DÍA 1: LA 'PRUEBA DE SUEÑO' - DESCUBRIENDO TU VERDADERO APETITO DE INVERSIÓN (POR QUÉ SER JOVEN SIGNIFICA QUE PUEDES PERMITIRTE SER IMPRUDENTE)

El único paso más crítico que puedes dar antes de poner un dólar en el mercado es determinar tu "tolerancia al riesgo". Esto suena complicado, pero en realidad es una pregunta muy simple: ¿Cuánta volatilidad (fluctuaciones hacia arriba y hacia abajo) puedes manejar antes de entrar en pánico y vender todo?

El barómetro definitivo para esto es la "Prueba de Sueño". Si inviertes $100 en una acción y esa acción baja a $70 de la noche a la mañana, ¿vas a perder el sueño, o vas a encogerte de hombros y revisar el precio nuevamente la próxima semana? Tu respuesta dicta toda tu estrategia.

¿Por qué nos estamos enfocando en esto primero? Porque tu edad es la herramienta financiera más grande que jamás poseerás.

LA VENTAJA DEFINITIVA DEL ADOLESCENTE: LA LIBERTAD DE SER IMPRUDENTE

Cuando una persona de 45 años invierte, puede estar planeando su jubilación en 20 años. Si el mercado se desploma un 50%, eso es una catástrofe. Tienen poco tiempo para recuperarse, y a menudo necesitan ese dinero relativamente pronto.

¿Tú? Estás jugando un juego de 50 años.

Si el mercado se desploma un 50% mañana, tienes décadas no solo para recuperarte, sino para obtener ganancias masivas de la recuperación. Cada vez que el mercado baja, no es una pérdida; es una gran liquidación en las mejores empresas del mundo. Un inversor mayor podría entrar en pánico y vender; tú tienes el lujo de comprar más.

Esta ventaja temporal es la razón por la que los asesores financieros recomiendan universalmente que los inversores más jóvenes mantengan un portafolio de alto crecimiento y alto riesgo. Deberías priorizar el potencial de enormes retornos sobre la estabilidad a corto plazo, porque el tiempo garantiza estabilidad a largo plazo.

En resumen: eres prácticamente inmune a las fluctuaciones del mercado a corto plazo. Puedes permitirte ser "temerario" en la búsqueda del máximo crecimiento.

¿Listo para encontrar tu nivel? Toma un bolígrafo o abre una aplicación de notas y responde a las siguientes preguntas. Suma tus puntos al final.

EL CUESTIONARIO DE APETITO DE INVERSIÓN

Para cada pregunta, elige la afirmación que mejor represente tus verdaderos sentimientos, no lo que piensas que deberías sentir.

Pregunta 1: ¿Cuál es la línea de tiempo principal para el dinero que estás invirtiendo?

A. Podría necesitar este dinero en 2 a 5 años (por ejemplo, para la matrícula de la universidad, un gran viaje o un coche). (1 Punto)

B. No necesito este dinero durante 5 a 10 años, pero me gustaría verlo crecer de manera constante. (2 Puntos)

C. No necesito este dinero durante 15 años o más; esto es puramente para la construcción de riqueza a largo plazo y la libertad financiera. (3 Puntos)

Pregunta 2: Imagina que inviertes $500. El próximo mes, el mercado de valores cae, y el valor de tu cuenta baja a $400 (una pérdida del 20%). ¿Cómo reaccionas?

A. Me sentiría preocupado, retiraría los $400 restantes y esperaría a que las cosas se estabilicen antes de intentar de nuevo. (1 Punto)

B. Me sentiría frustrado, pero dejaría que el dinero permaneciera y continuaría haciendo mis contribuciones mensuales regulares. (2 Puntos)

C. Me sentiría emocionado porque todo está en oferta. Intentaría encontrar dinero extra para duplicar mi próxima contribución de inversión. (3 Puntos)

Pregunta 3: ¿Qué resultado de inversión te parece más atractivo?

A. Una inversión que casi seguramente gana un 4% por año, cada año, pero nunca baja de valor. (1 Punto)

B. Una inversión que podría ganar un 12% en un buen año y perder un 5% en un mal año, promediando un 8% con el tiempo. (2 Puntos)

C. Una inversión que podría ganar potencialmente un 20% en un buen año, pero que también podría perder un 20% en un mal año, promediando un 10% con el tiempo. (3 Puntos)

Pregunta 4: ¿Cuánta atención planeas prestar a tu cartera?

A. Quiero revisar mi estado de cuenta todos los días para asegurarme de no estar perdiendo dinero. (1 Punto)

B. Revisaré mi cartera una vez al mes para asegurarme de que todavía estoy contribuyendo regularmente. (2 Puntos)

C. Planeo establecer contribuciones automáticas e ignorar la cuenta durante 6 a 12 meses a la vez, revisando solo para reequilibrar. (3 Puntos)

Sumando tus Resultados: Tu Perfil de Riesgo

Calcula tu total de puntos y ve dónde te encuentras.

4-5 Puntos: El Inversor Conservador (La Seguridad es Primero)

Tu prioridad es la preservación del capital, no perder dinero. Aunque esta mentalidad es inteligente para metas a corto plazo, por lo general es demasiado cautelosa para la inversión a largo plazo cuando eres joven.

Tu estrategia debería favorecer en gran medida los activos de seguridad que discutimos en el Día 2: fondos indexados ultraseguros, bonos y Certificados de Depósito (CDs). Deberías poner más del 90% de tu dinero en fondos amplios para garantizar la máxima estabilidad, incluso si eso significa un crecimiento más lento. Estás dispuesto a sacrificar rendimientos potenciales por tranquilidad.

6-8 Puntos: El Inversor Moderado (Crecimiento Equilibrado)

Este es un enfoque saludable y común. Estás dispuesto a aceptar algunas caídas a corto plazo a cambio de un sólido crecimiento a largo plazo. Reconoces que las pérdidas son parte del juego, pero no estás buscando activamente los activos de mayor riesgo.

Tu estrategia ideal (que construiremos en el Día 2 y en el Día 3) es un enfoque equilibrado: aproximadamente el 70% en fondos indexados amplios y confiables, y el 30% dedicado a acciones individuales de mayor crecimiento o fondos específicos de sectores (como tecnología).

9-12 Puntos: El Inversor Agresivo (Maximizador de Crecimiento)

¡Felicidades! Tu tolerancia al riesgo está perfectamente alineada con tu horizonte temporal. Entiendes que a largo plazo, las caídas del mercado son oportunidades, no desastres. Estás completamente centrado en maximizar el rendimiento total, incluso si eso significa experimentar una volatilidad significativa en el camino.

Tu estrategia debería estar dominada por vehículos de alto crecimiento: 60-80% en fondos indexados confiables, y el resto dedicado a acciones de crecimiento individuales y ETFs agresivos y de nicho. Estás posicionado para capturar los mayores rendimientos potenciales que el mercado ofrece, aprovechando tu trayectoria de décadas para soportar cualquier tormenta.

La Conclusión Clave: La gran mayoría de los inversores menores de 25 años deberían estar siguiendo una estrategia Moderada o Agresiva. Si tu puntuación fue Conservadora, está totalmente bien: tu "Prueba de Sueño" es la medida más importante, pero deberías desafiarte a seguir primero el plan de estrategia Moderada. Recuerda: tienes tiempo para recuperarte de prácticamente cualquier error, pero nunca podrás recuperar los rendimientos que perdiste por tener demasiado miedo para empezar.

DÍA 2: LA RED DE SEGURIDAD DEL 80%: SELECCIONANDO LOS 3 TICKERS QUE GARANTIZARON CRECIMIENTO DURANTE DÉCADAS

Ayer decidiste cuánto riesgo podías manejar (mucho, ya que eres joven). Hoy, estamos implementando el principio más crucial de la riqueza a largo plazo: construir una base de inversiones increíblemente sólidas y aburridas que prometen crecimiento durante décadas.

Piensa en tu cartera como un equipo de superhéroes. Necesitas un núcleo potente: la base confiable que siempre aparece y nunca se rinde. Ese núcleo es tu Red de Seguridad del 80%, y está compuesta exclusivamente por fondos indexados amplios y de bajo costo

El objetivo aquí no es vencer al mercado; el objetivo es ser dueño del mercado.

¿Por qué el 60% al 80%?

Si fueras una persona apostadora, ¿apostarías en un solo atleta para ganar cada carrera durante los próximos 40 años? ¿O apostaras en toda la liga?

Al dedicar la mayoría de tu capital a fondos indexados amplios, estás apostando por el éxito a largo plazo de toda la economía global: el genio colectivo de miles de empresas. Esta es la apuesta de mayor probabilidad en finanzas. Es lo que el legendario inversor Warren Buffett recomienda para casi todos.

¿Qué estamos comprando exactamente? Estamos comprando dos cosas: el mercado estadounidense y el mercado internacional.

LA MAGIA DEL FONDO INDEXADO

Un fondo indexado (a menudo empaquetado como un ETF, o Fondo Cotizado en Bolsa) es una cesta de inversiones diseñada para reflejar el rendimiento de un índice de mercado específico. El índice más famoso es el S&P 500, que alberga 500 de las compañías más grandes y exitosas de EE. UU. (Apple, Microsoft, Google, etc.).

Cuando compras una sola acción de un ETF del S&P 500, estás instantáneamente invertido en las 500 compañías. Si Apple tiene un mal trimestre, Netflix o Amazon pueden compensar la pérdida. Esta es una diversificación inmediata y poderosa, y es por eso que los fondos indexados son la base de cualquier cartera inteligente.

La otra gran ventaja es el costo, medido por la relación de gastos. Esta es la pequeña tarifa anual que cobran para gestionar el fondo. Los fondos indexados enumerados a continuación tienen relaciones de gastos tan bajas (a menudo 0.03%) que apenas las notarás. Son esencialmente gratis.

Los Tres Tickers que Garantizaron Crecimiento durante Décadas

Tu misión para el Día 2 es investigar y seleccionar tres tickers que conformarán la mayor parte de tu cartera de inversión. Estos son los caballos de batalla que requieren cero atención, pero ofrecen un rendimiento promedio confiable del 8-10% anual a largo plazo.

Categoría 1: El Mercado de Valores Total de EE. UU. (Tu Motor Principal)

Este ticker te da propiedad instantánea de prácticamente todas las empresas que cotizan en bolsa en EE. UU., grandes y pequeñas. Asegura que captures todo el crecimiento que la economía estadounidense ofrece. Esto debería representar la mayor parte de tu red de seguridad (por ejemplo, el 50% de tu capital total).

OPCIÓN DE TICKER 1: VTI (Vanguard Total Stock Market ETF)

Por qué es genial: Relación de gastos extremadamente baja (casi gratis) y contiene más de 3,500 acciones diferentes. Cuando alguien dice que está "invertido en el mercado", esto es a menudo lo que quiere decir.

OPCIÓN DE TICKER 2: VOO (Vanguard S&P 500 ETF)

Por qué es genial: Se enfoca puramente en las 500 empresas más grandes, que generalmente son las más estables. Históricamente, el S&P 500 ha sido el mayor generador de riqueza en el mundo.

Paso de Acción: En tu aplicación de corretaje, busca VTI o VOO. Mira su historia. Nota cómo siempre se recupera de las caídas y tiende a subir con el tiempo.

Categoría 2: El Mercado Internacional (El Diversificador Global)

Un error común que cometen los nuevos inversores es poner el 100% de su dinero en el mercado estadounidense. Aunque EE. UU. es poderoso, la verdadera diversificación significa poseer activos fuera de las fronteras de EE. UU. A veces, las economías extranjeras superan a EE. UU., y otras veces se rezagan, pero al poseer ambos, aseguras que tu cartera nunca se quede atrás.

Este ticker debería representar aproximadamente el 20-30% de tu capital total.

OPCIÓN DE TICKER 3: VXUS (Vanguard Total International Stock ETF)

Por qué es excelente: Este fondo tiene miles de acciones en mercados extranjeros desarrollados y emergentes, pero excluye a EE. UU. Es el contrapeso perfecto para VTI o VOO. Asegura que si la economía estadounidense enfrenta dificultades, tu dinero invertido en Europa, Asia y otras regiones globales puede estabilizar tus rendimientos.

Tu Plan de Acción del Día 2: La Asignación del 80%

Suponiendo que tienes $500 listos para invertir (o sea cual sea tu capital inicial), aquí está cómo se desglosa el Día 2:

1. Comprométete con el 80%: Determina el 80% de tu capital (por ejemplo, $400 de $500). Este dinero solo irá a fondos indexados.

2. Divide la Tarta Global: Divide ese 80% entre EE. UU. e Internacional. Un buen punto de partida es una división 70/30 dentro de esa categoría.

Ejemplo de Desglose de Cartera (Si tu capital inicial total es de $500):

Red de Seguridad (80% Total: $400)

4. Mercado de EE. UU. (70% de la Red de Seguridad): $280 invertidos en VTI o VOO

5. Mercado Internacional (30% de la Red de Seguridad): $120 invertidos en VXUS

El 20% restante ($100) es tu dinero "Ganancia Bomba", que dedicaremos a acciones individuales de alto crecimiento mañana en el Día 3.

Recuerda: Este 80% es tu dinero para establecer y olvidar. Es lo que crecerá de manera confiable mientras terminas la escuela secundaria, vas a la universidad y comienzas tu carrera. No lo revises a diario. No te preocupes por ello durante las caídas del mercado. Es el motor aburrido y poderoso que impulsa tu riqueza a largo plazo.

DÍA 3: LA GANANCIA BOMBA: CÓMO IDENTIFICAR 2 'DELANTEROS' DE ALTO CRECIMIENTO PARA AUMENTAR TUS RENDIMIENTOS EN UN 25%

Bienvenido al Día 3. Si el Día 2 se trató de construir la base masiva e inquebrantable de tu vida financiera, el Día 3 trata de darle a esa base combustible de cohete.

Ayer, asignaste entre el 60% y el 80% de tu capital inicial a fondos indexados amplios y diversificados: tu línea defensiva, tus porteros y tu mediocampista confiable. Son el núcleo estable que garantiza la participación en el crecimiento a largo plazo de la economía global.

Hoy, estamos buscando tus Delanteros.

La porción del 20% al 40% de tu cartera es donde asignas capital a acciones individuales que crees que tienen un potencial explosivo y transformador. Esta es la porción diseñada para aumentar significativamente tus rendimientos generales más allá del promedio del mercado, potencialmente añadiendo un 25% o más a tu riqueza a largo plazo, pero viene con un perfil de riesgo más alto.

El objetivo aquí no es elegir diez acciones. El objetivo es elegir dos o tres empresas que realmente creas que dominarán sus respectivas industrias en la próxima década.

La regla más importante al seleccionar tus Delanteros es la Prueba de 10 Años.

LA PRUEBA DE 10 AÑOS: EL ÚNICO FILTRO QUE NECESITAS

Antes de hacer clic en 'comprar' en cualquier acción individual, observa los servicios de la empresa y pregúntate: "¿Creo que esta empresa será sustancialmente más grande, más poderosa y más exitosa en 2035 que hoy?"

Si la respuesta es algo menos que un absoluto y confiado "Sí," entonces no es un delantero para tu cartera. Es una apuesta, y no apostamos con nuestro futuro.

¿Por qué 10 años? Porque el mercado es ruidoso. Cada día, los analistas gritarán sobre un nuevo informe trimestral, aumentos de tasas de interés o política global. Todo ese ruido es irrelevante para ti. Cuando inviertes como adolescente, estás jugando a largo plazo. Puedes permitirte ignorar el drama diario porque tu estrategia se basa en el cambio fundamental, no en el comercio a corto plazo.

Este enfoque a largo plazo elimina inmediatamente la mayoría de las tendencias efímeras, las acciones meme y las empresas que dependen de una sola moda pasajera (como una aplicación viral específica que podría ser olvidada en dos años).

CÓMO CONVERTIR TU PERSPECTIVA EN GANANCIA

Aquí es donde aprovechas las habilidades de investigación que practicamos en el Capítulo 5. Tienes una ventaja masiva sobre los gerentes de fondos de cobertura de 60 años: eres el consumidor del mañana. Sabes qué productos son verdaderamente adictivos, qué tecnología lo está cambiando todo y qué empresas están innovando.

Aquí están los tres pasos para seleccionar tus Delanteros de alto crecimiento:

1. Identifica Tus Áreas de Convicción (La Perspectiva del Consumidor)

Piense en los productos, servicios y empresas con los que interactúas cada semana que realmente te impresionan a ti y a tus compañeros.

¿Estás usando constantemente un software específico para la escuela o los juegos? ¿Dependes de una marca particular de equipo atlético que parece estar en todos lados? ¿Hay un servicio de streaming de nicho que está innovando más que los grandes jugadores?

Anota de 5 a 10 empresas que cumplan con los siguientes criterios:

A. Resuelven un problema real (o brindan entretenimiento/servicio atractivo).

B. Tienen una base de clientes leales y en crecimiento (tus amigos lo están usando).

C. Se sienten necesarias, no solo agradables de tener.

Por ejemplo, hace 10 años, un joven inversor podría haber mirado a una empresa como Netflix y darse cuenta: "Todo el mundo está cancelando su cable; este modelo de suscripción es el futuro." Esa percepción, basada en la experiencia personal, habría sido oro. Ahora, busca el próximo Netflix.

2. Realiza la Prueba de Valoración P/E (¿Está en Oferta?)

Una vez que tengas una lista corta de empresas en las que crees, debes aplicar la Prueba de Valoración de 30 Segundos (Capítulo 5) para asegurarte de no comprar la acción cuando esté ridículamente sobrevalorada.

Una acción de crecimiento casi siempre parecerá "cara" en comparación con una empresa de servicios públicos porque los inversores están pagando por el crecimiento futuro. Pero hay una diferencia entre caro e insano.

Si una empresa está creciendo su revenue y su potencial de mercado de forma agresiva, un ratio P/E por encima de 30 podría estar justificado. Sin embargo, si una empresa que fabrica zapatos tiene un ratio P/E de 80, sugiere que el mercado es excepcionalmente optimista, y un leve tropiezo en el desempeño podría hacer que la acción se desplome.

Filtra tu lista comprobando el ratio P/E (fácilmente accesible en cualquier página de corretaje o sitio web financiero). Si el P/E es cero o negativo, la empresa aún no es rentable. Eso es un riesgo serio, pero está bien si realmente crees que su producto está revolucionando el mundo (como Amazon en sus primeros días). Solo entiende que la rentabilidad es esencial eventualmente.

3. Alinea con las Tendencias Macros (Cazando la Ola)

Las acciones individuales tienen éxito cuando toda la industria está creciendo. Esto se llama "capturando la ola macro."

Tus Delanteros deben operar idealmente en campos que están garantizados para ver un crecimiento explosivo en la próxima década, independientemente de quién gane la carrera política el próximo año. Busca exposición a estas megatendencias:

Inteligencia Artificial (IA): Empresas que construyen los chips, los modelos de software o la infraestructura fundamental para la IA.

La Digitalización de Todo: Empresas que están transformando industrias físicas (como finanzas, atención médica o logística) en plataformas puramente digitales y eficientes.

Transición a Energía Limpia: Fabricantes de baterías, proveedores de infraestructura o empresas dedicadas a reducir las huellas de carbono.

Juegos de Nueva Generación/Metaverso: Plataformas y proveedores de hardware para experiencias digitales inmersivas.

Cuando inviertes en una empresa que está aprovechando una de estas grandes olas, te beneficias no solo del éxito de esa empresa, sino del viento de cola del progreso global.

LA ESTRATEGIA DE ASIGNACIÓN DE DELANTEROS

Para tu cartera inicial, dedica no más del 40% de tu dinero a estas acciones individuales de alta convicción.

Si recién comienzas con $500, eso significa que de $100 a $200 deberían destinarse a 2-4 Delanteros individuales. Mantén el número pequeño para que puedas monitorearlos y comprender su modelo de negocio a fondo.

Ejemplo de Asignación (Estrategia Adolescente Agresiva):

70% Fondos Indexados (S&P 500/Total Market ETF)

30% Acciones Individuales (3 empresas en las que realmente crees que prosperarán en 10+ años)

¿Por qué solo el 30%? Porque si una de esas acciones individuales falla (lo cual sucede todo el tiempo, incluso a los mejores inversores), el 70% de la base amortiguará el golpe.

Aún participarás en el aumento general del mercado, minimizando el impacto de tus inevitables errores.

Esta estructura te permite asumir riesgos calculados sin poner en peligro tus objetivos a largo plazo. Tus Strikers son tu oportunidad para ganancias exponenciales, pero tus Fondos Índice son tu garantía de que te mantendrás en el juego.

EL ESCUDO DE HIERRO: CÓMO PROTEGER TU CARTERA PARA QUE UNA MALA ACCIÓN NUNCA TE DESTRUYA

SI EL MERCADO FUERA UN JUEGO, LA DIVERSIFICACIÓN SERÍA EL CÓDIGO PARA LA INvencibilidad.

Has pasado días identificando el dinero que puedes invertir, configurando la cuenta adecuada y localizando compañías que crees que prosperarán. Tienes tus fondos de índice básicos y tus "strikers" individuales. Pero, ¿qué pasa si uno de esos strikers se ve afectado por un escándalo, una falla catastrófica del producto o simplemente quiebra?

Si el 100% de tu capital estuviera atado en esa única acción, estarías arruinado. Juego terminado.

Este es el riesgo catastrófico que la diversificación—el Escudo de Hierro—está diseñado para prevenir.

La sabiduría antigua sigue siendo la mejor: Nunca pongas todos tus huevos en una sola canasta. Si la canasta se inclina, todos los huevos se rompen. En términos de inversión, si pones todo tu dinero en una sola acción (digamos, una nueva compañía de videojuegos), y esa compañía lanza un fracaso o es comprada por centavos, tu cartera no tiene red de seguridad.

La diversificación es el acto de dispersar tus huevos de inversión en tantas canastas diferentes (compañías, industrias y tipos de activos) que si una canasta se inclina, la pérdida es simplemente un inconveniente, no un evento de extinción. Dado que aún eres joven y tienes décadas para que tu dinero crezca, tu estrategia de diversificación puede ser simple y altamente efectiva.

El objetivo de tu Escudo de Hierro es doble:

1. Garantizar que capture las ganancias de toda la economía global (el dinero seguro y aburrido).

2. Limitar el daño que una mala decisión puede infligir en tu futuro financiero completo.

EL ENFOQUE CORE & SATELLITE

Para los inversores principiantes, recomendamos el enfoque Core & Satellite, una plantilla simple que dicta exactamente a dónde va tu dinero.

Tu cartera se divide en dos partes distintas:

1. EL NÚCLEO (El Escudo de Hierro): del 70% al 80% de tu capital invertido total.
2. EL SATÉLITE (El Golpe de Ganancia): del 20% al 30% de tu capital invertido total.

Vamos a desglosar cómo esto te protege:

Asignación para Seguridad (El Núcleo: 70% - 80%)

Este es donde va la mayor parte de tu dinero, y está reservado exclusivamente para fondos de índice o ETFs (Fondos Cotizados en Bolsa) de bajo costo y mercado amplio.

¿Por qué tanto aquí? Porque estos fondos ya están diversificados para ti. Un fondo del S&P 500, por ejemplo, es un solo ticker que posee pequeñas partes de 500 diferentes compañías estadounidenses en todos los sectores: tecnología, atención médica, finanzas, bienes de consumo, etc. Si una compañía falla, 499 otras están ahí para mantener a flote el fondo.

El 70-80% dedicado al Núcleo sirve como tu Escudo de Hierro. Este dinero está diseñado para rastrear el crecimiento general de la economía. Es estable, predecible (a largo plazo) y, lo más importante, minimiza tu exposición inicial al riesgo. Estás apostando por el mercado en su conjunto, que siempre ha subido eventualmente.

Asignación para Crecimiento (El Satélite: 20% - 30%)

Esta porción más pequeña está dedicada a los activos de mayor riesgo y mayor recompensa: tus acciones individuales. Estas son las 2-5 compañías que investigaste a fondo, en las que crees que tienen un potencial de crecimiento de 5x o 10x.

Este es el dinero divertido, el dinero agresivo, pero se mantiene intencionalmente pequeño. Si tu elección de acciones de Netflix se duplica en un año, obtienes un gran impulso a tu retorno general. Pero si esa acción es absolutamente destruida y cae un 90%, solo afecta una pequeña fracción de tu cartera.

Vamos a hacer las matemáticas sobre la protección en el peor de los casos:

Imagina que invertiste $1,000.

$700 (70%) fueron a un fondo de índice diversificado del S&P 500.

$300 (30%) se dividió equitativamente entre tres acciones individuales (A, B, C) a $100 cada una.

Escenario: La acción A (un striker de alto crecimiento) quiebra y pierde el 100% de su valor.

Pérdida: $100.

Valor Total de la Cartera: $1,000 - $100 = $900.

Pérdida Total de la Cartera: Solo el 10%.

El Escudo de Hierro se mantuvo fuerte. A pesar de que una de tus elecciones desapareció completamente, el 90% de tu capital permanece intacto y aún está posicionado para beneficiarse de la trayectoria ascendente a largo plazo del mercado.

Si, en cambio, hubieras sido lo suficientemente imprudente como para poner $1,000 solo en la Acción A, tu cartera sería cero.

El Escudo de Hierro asegura que no importa cuán inteligente creas que es tu elección de acciones, nunca estás apostando toda tu futura en ella. Esta plantilla de asignación es la forma más simple y efectiva de combinar la seguridad confiable de la inversión en índices con el emocionante potencial de la investigación de compañías individuales.

CHAPTER SIX

AUTOMATIZACIÓN Y EJECUCIÓN: HACIENDO QUE TU DINERO SE MUEVA SIN QUE LEVANTES UN DEDO (DÍAS 4-7)

Hemos pasado los primeros días de este programa construyendo la cartera teórica perfecta, identificando ETFs de bajo costo y seleccionando algunas acciones individuales increíbles. Ahora es el momento de la fase de ejecución—el momento en que realmente entregas tu efectivo y comienzas a poseer una parte del futuro. Aquí es donde la goma se encuentra con el camino, y, afortunadamente, la tecnología moderna de corretaje ha hecho que este proceso sea increíblemente fácil, eliminando la confusa burocracia y sistemas complejos del pasado.

El objetivo de los próximos cuatro días (Días 4 a 7) es triple: Primero, hacer la compra inicial de manera eficiente y económica. Segundo, automatizar todo el sistema para que nunca tengas que pensar en él de nuevo. Tercero, construir la disciplina mental necesaria para sobrevivir al caos del mercado.

DÍA 4: EL AUMENTO DE ACCIONES FRACCIONARIAS: CÓMO COMPRAR ACCIONES DE GOOGLE INCLUSO SI SOLO TIENES $10

En los viejos tiempos, si querías comprar acciones en una gran compañía—digamos, Google (Alphabet) o Amazon—estabas fuera de suerte a menos que tuvieras cientos, a veces miles, de dólares solo para comprar una sola acción. Esto creó una barrera masiva para los inversores jóvenes.

Entra: El Aumento de Acciones Fraccionarias.

La mayoría de los corredores modernos, amigables para los adolescentes (los que discutimos en el Capítulo 3) ahora ofrecen acciones fraccionarias. Esto significa que no necesitas comprar una acción completa; puedes comprar una fracción de una, basada en el monto en dólares que especifiques.

Por ejemplo, si una acción de Amazon cuesta $150, pero solo tienes $50 asignados para esa acción, puedes instruir a tu corredor para que compre $50 en Amazon. Simplemente te darán 0.333 acciones. Ahora eres oficialmente un propietario, sin necesidad de una reserva de efectivo masiva. Esta es la función que hace posible la diversificación incluso si comienzas con solo $100.

Colocando Tu Primer Pedido: Mercado vs. Límite

Cuando vayas a presionar el botón de "Comprar", se te pedirá que selecciones tu "Tipo de Orden." No te preocupes; esto no es cálculo complejo. Hay dos tipos principales que necesitas conocer:

1. Orden de Mercado: Esta es la opción más común y simple. Le estás diciendo al corredor, "Compra esta acción o ETF ahora mismo al precio actual del mercado." Dado que los precios fluctúan constantemente, podrías pagar un poco más o un poco menos que el precio que viste hace 30 segundos, pero para fondos amplios y inversiones a largo plazo, la diferencia es insignificante.

Cuándo usarlo: Casi siempre. Utilízalo para tus compras grandes de fondos de índice (la red de seguridad del 80%) y generalmente para acciones individuales que te sientas cómodo manteniendo durante años.

2. Orden Límite: Aquí es donde estableces un límite de precio. Le estás diciendo al corredor, "Quiero comprar 10 acciones de esta acción, pero solo si el precio baja a $X o menos." La orden esperará hasta que la acción alcance ese precio, y si nunca lo hace, la orden caduca sin llenarse.

Cuándo usarlo: Al comprar acciones individuales y sientes que el precio actual es un poco demasiado alto, o si estás tratando de aprovechar una caída del mercado. Para los principiantes, sin embargo, mantente en las Órdenes de Mercado para mantener las cosas simples y asegurar que tu capital se invierte inmediatamente.

Lista de Verificación de Ejecución Paso a Paso (Día 4)

1. Inicia sesión en tu cuenta de corretaje (que debería estar completamente financiada).
2. Busca el símbolo de la acción de tu ETF central elegido (por ejemplo, VOO o IVV).
3. Selecciona "Operar" o "Comprar."
4. Selecciona "Orden de Mercado."
5. En lugar de ingresar el número de acciones, cambia la entrada a "Monto en Dólares."
6. Ingresa el 60-80% de tu capital total (como se planificó en el Día 2).
7. Haz clic en "Revisar Pedido" y luego en "Enviar."
8. Repite el proceso para tu ETF internacional (si corresponde).

9. Repite el proceso para tus 2-3 acciones individuales de alto crecimiento (el Profit Punch del Día 3), utilizando las acciones fraccionarias para asignar el capital restante.

Felicidades. Has ejecutado tus primeras operaciones. Ahora eres oficialmente un propietario.

LA MÁQUINA DE PROMEDIO DE COSTO EN DÓLARES™: TU ESTRATEGIA DE PILOTO AUTOMÁTICO QUE DERROTA LA ANSIEDAD DEL MERCADO

Si el Día 4 se trató del lanzamiento inicial, los Días 5 y 6 se tratan de construir el sistema de piloto automático.

Imagínate intentando golpear un objetivo en movimiento en la oscuridad. Así se siente cuando las personas intentan "cronometrar el mercado": intentan comprar acciones solo cuando están en su precio más bajo. Esto es imposible. Incluso los inversores profesionales con equipos de analistas no pueden predecir el mínimo del mercado con consistencia.

La alternativa, y el estándar de oro para los inversores a largo plazo, es el Promedio de Costo en Dólares (DCA).

DCA es simple: en lugar de intentar invertir una gran suma de dinero en el mercado de una sola vez, inviertes una cantidad fija de dinero a intervalos regulares, sin importar si el mercado está alto o bajo.

Por qué DCA es el Truco Definitivo para Inversores Adolescentes

1. Elimina la Emoción: Eliminan la conjetura y la ansiedad que viene con decidir cuándo invertir. Si te pagan el 15 y el 30 de cada mes, tu dinero se invierte el 16 y el 1. No se requiere análisis.

2. Fuerza la Disciplina: Estás obedeciendo automáticamente la regla de "Págate a ti mismo primero" (Capítulo 2). Si el dinero se mueve automáticamente a tu cuenta de corretaje, no puedes gastarlo en cosas frívolas.

3. Compra Más Cuando los Precios Son Bajos: Esta es la genialidad del DCA. Cuando el mercado está alto, tus $100 compran menos acciones. Cuando el mercado baja (lo que siempre sucede a veces), esos mismos $100 compran más acciones. Con el tiempo, esto mantiene tu costo promedio bajo, lo que aumenta tu retorno general de manera significativa.

Construyendo Tu Máquina DCA (Días 5 y 6)

El proceso implica configurar dos transferencias automáticas:

Paso 1: Auto-Depósito

Configura una transferencia recurrente desde tu cuenta corriente o de ahorros (la que recibe tu mesada o dinero del trabajo) directamente a tu cuenta de corretaje.

Frecuencia: Alinea esto con tu flujo de efectivo. Si te pagan cada dos semanas, configura un depósito quincenal.

Monto: Establece esto en el monto de inversión disponible que calculaste en el Capítulo 2. Comienza pequeño si es necesario, pero sé consistente. Incluso $50 cada dos semanas suman $1,300 al año, y ese dinero se está acumulando inmediatamente.

Paso 2: Auto-Inversión

Este paso se realiza completamente dentro de la plataforma de corretaje. Indicas al corretaje qué activos comprar automáticamente con el dinero que llega.

Configura compras recurrentes para tus ETFs centrales (por ejemplo, $40 de VOO cada vez que llega el dinero).

Configura compras recurrentes para tus acciones individuales, utilizando la función de acciones fraccionarias (por ejemplo, $10 de Tesla cada vez que llega el dinero).

Una vez que estos dos sistemas estén asegurados, tu trabajo está esencialmente hecho. Has construido una máquina de riqueza perpetua que se alimenta a sí misma. Ya no estás comerciando; simplemente estás acumulando propiedad en las mejores empresas del mundo, automáticamente, perpetuamente y sin la ansiedad de tratar de adivinar el próximo movimiento del mercado.

EL REVISIÓN TRIMESTRAL DE PORTAFOLIO: LOS ÚNICOS 15 MINUTOS AL MES QUE NECESITAS DEDICAR A LA RIQUEZA

Si has implementado DCA con éxito, no deberías estar revisando obsesivamente tu portafolio. ¿Recuerdas la impactante verdad del Capítulo 5? Revisar diariamente garantiza que perderás dinero, no financieramente, sino emocionalmente, llevándote a tomar decisiones apresuradas.

En su lugar, adoptamos el enfoque disciplinado y minimalista del Chequeo Trimestral.

Solo necesitas 15 minutos cada tres meses para realizar el mantenimiento esencial. Piensa en esto como el cambio de aceite para tu máquina de riqueza.

1. Revisa Tu Rendimiento (La Prueba de Referencia)

Cuando mires tu estado de cuenta, no te enfoques en el valor total en dólares (que será volátil). Enfócate en el retorno porcentual.

Luego, compara tu rendimiento con la referencia. Dado que el S&P 500 (ticker VOO o SPY) es el promedio general del mercado, esa es tu referencia.

Si tu portafolio tuvo un retorno del 7% y el S&P 500 tuvo un retorno del 8%, tu rendimiento fue ligeramente inferior al del mercado. Está bien, pero confirma que tus fondos indexados con gran peso están haciendo el trabajo pesado, y tal vez tus selecciones de acciones individuales no están prosperando.

Si tu portafolio tuvo un retorno del 10% y el S&P 500 tuvo un retorno del 8%, ¡felicitaciones! Estás superando al mercado.

La clave aquí es no flagelarte por los retornos a corto plazo, sino verificar que tu portafolio esté funcionando. Si estás por detrás de la referencia año tras año, significa que probablemente tienes demasiado dinero en acciones individuales de bajo rendimiento o te has desviado de tu estrategia de fondos indexados central.

2. Reequilibrio: Regresando a las Proporciones

Cuando comenzamos (Capítulo 6), decidimos una asignación específica, digamos, 70% en fondos indexados de bajo costo y 30% en acciones individuales de alto crecimiento.

Con el tiempo, estos pesos cambiarán. Si tus acciones de alto crecimiento (el 30%) tienen un año estelar, podrían ahora constituir el 40% del valor total de tu portafolio.

Si bien eso suena genial, significa que tu portafolio ahora es más arriesgado de lo que planeaste. Necesitas reequilibrar.

Reequilibrar significa vender activos que han tenido un buen rendimiento y usar ese efectivo para comprar activos que están rezagados, devolviéndote a tu asignación objetivo (70/30).

Ejemplo: Tus acciones tecnológicas se dispararon, aumentando tu peso en acciones individuales del 30% al 40%. Necesitas vender suficientes acciones para liberar capital y usar ese efectivo para comprar más de tus fondos indexados centrales, devolviendo el portafolio a 70/30.

Esto suena contraintuitivo: ¿por qué vender tus ganadores? Porque el reequilibrio es una herramienta de gestión de riesgos. Te obliga a vender alto y comprar bajo, y asegura que ninguna clase de activo (incluso un ganador) ocupe demasiado espacio y te exponga a un riesgo innecesario si esa acción de repente se derrumba.

ADVERTENCIA: CUANDO EL MERCADO COLAPSE, HAZ ESTO (EL MOVIMIENTO CONTRAINTUITIVO QUE TE HACE MÁS RICO)

La última disciplina requerida para el inversor a largo plazo es el control emocional. Días, meses, o quizá un año después de comenzar a invertir, los titulares se volverán sombríos. Los presentadores de noticias financieras estarán en pánico. Tus amigos dirán que están "perdiendo dinero." El mercado de acciones experimentará una "corrección" (una caída del 10% o más) o un "colapso" total (una caída del 20% o más).

Esto es inevitable. Ha sucedido innumerables veces en la historia y sucederá de nuevo. Tu mayor desafío como inversor no es elegir las acciones correctas; es gestionar tu propia reacción visceral durante estos momentos de pánico.

El mayor error que puede cometer un inversor principiante es vender activos cuando el mercado colapsa.

Vender durante un colapso garantiza que asegures una pérdida. Hasta que vendas, la caída es solo un número en una pantalla. Es temporal. Históricamente, el mercado siempre se ha recuperado y ha alcanzado nuevos máximos, si esperas a que pase.

Pero para el joven inversor, un colapso no es solo algo que soportar; es una oportunidad dorada.

Los Colapsos Son Ventas Masivas de Liquidación

Imagina que tu tienda favorita de repente pone todos los artículos, incluyendo la consola nueva, las zapatillas de última generación y el nuevo teléfono, con un descuento del 20% al 50%. Eso es lo que es un colapso de mercado. Es una oportunidad para comprar acciones de Apple, Google y toda la economía de EE. UU. a un precio que probablemente nunca volverás a ver.

Cuando eres joven y estás invirtiendo por 40+ años, las caídas del mercado son tu mejor amigo. Te permiten que tus pequeñas contribuciones constantes de DCA compren más acciones por el mismo precio.

Tu Lista de Acciones en un Colapso (Día 7: El Día de la Disciplina)

1. No entres en pánico. En serio, no revises tu cartera cada cinco minutos. El dinero que invertiste está destinado para un futuro lejano (universidad, coche, jubilación). No importa lo que suceda en los próximos seis meses.

2. No detengas tu DCA. La acción más importante durante una crisis es mantener tus

contribuciones automáticas. Si dejas de contribuir, te perderás la oportunidad crucial de comprar a bajo precio.

3. Si es posible, aumenta tus contribuciones. Si tienes efectivo extra en tu cuenta de ahorros o recibiste un bono en el trabajo, agrega un poco más de lo habitual a tus fondos de índice principales. Este es el momento de ser "temeroso cuando otros son codiciosos, y codicioso cuando otros son temerosos," como aconseja el legendario inversionista Warren Buffett.

4. Revisa tu tesis. ¿La empresa que compraste (como Netflix o Microsoft) cambió fundamentalmente durante la crisis? Probablemente no. La economía simplemente se asustó. Si la empresa sigue bien gestionada y tiene grandes productos, mantente firme.

Al mantenerte invertido, automatizando tu proceso y viendo las crisis como oportunidades, aseguras que estás montando la trayectoria ascendente a largo plazo de la economía global. Ya no estás gestionando acciones; estás gestionando tu comportamiento, y ese es el verdadero secreto de la riqueza a largo plazo. La fase de ejecución se ha completado, y tu dinero ahora se mueve sin que levantes un dedo.

DÍA 4: EL POTENTE PODER DE LAS ACCIONES FRACCIONARIAS: CÓMO COMPRAR ACCIONES DE GOOGLE INCLUSO SI SOLO TIENES $10

¡Felicidades! Has hecho el trabajo fundamental. Tienes tu cuenta configurada, tu efectivo listo y tu estrategia trazada. Hoy es el día en que realmente compras algo. Aquí es donde la teoría se convierte en realidad, y te conviertes en un verdadero propietario.

Cuando abres por primera vez una cuenta de corretaje con $50 o $100, el mercado de valores puede parecer intimidante. Rápidamente te das cuenta de que las acciones de grandes nombres—las que todos comentan como Amazon, Tesla o Google—frecuentemente se negocian por cientos, o incluso miles, de dólares por acción. Si solo tienes $50, ¿cómo puedes comprar acciones de Google?

La respuesta es el superpoder moderno de la inversión: Acciones Fraccionarias.

El Potente Poder de las Acciones Fraccionarias

En los viejos tiempos, tenías que comprar acciones en unidades enteras. Si una acción de Netflix costaba $500 y solo tenías $499, estabas fuera de suerte. Esta barrera mantenía a los inversores más pequeños excluidos de las mejores oportunidades y hacía que la diversificación fuera prácticamente imposible.

Las acciones fraccionarias cambiaron el juego. En lugar de decirle a tu corredor, "Quiero comprar 1 acción completa," le dices, "Quiero gastar $50 en esta acción."

La plataforma de corretaje calcula exactamente qué porción de una acción compran tus $50. Si una acción cuesta $100, tus $50 te compran 0.5 acciones. Si una acción cuesta $500, tus $50 te compran 0.1 acciones.

Por qué esto es importante para ti:

1. Diversificación instantánea: Puedes distribuir una pequeña cantidad de dinero ($50) entre cinco empresas costosas diferentes, lo que significa que no dependes solo del rendimiento de una sola acción.

2. Accesibilidad: Ninguna acción es demasiado cara. Puedes invertir en cualquier empresa que desees, sin importar la etiqueta de precio, comenzando con solo $1.

3. Automatización: Las acciones fraccionarias son esenciales para el Promedio del Costo en Dólares (lo cual cubriremos en la próxima sección), permitiéndote invertir automáticamente una cantidad fija de dinero semanal o mensualmente.

Cuando estás comenzando pequeño, siempre asegúrate de que la plataforma que uses ofrezca negociación de acciones fraccionarias.

Las Dos Maneras de Realizar una Operación: Mercado vs. Límite

Cuando vas a comprar una acción o ETF, tu corredor te preguntará qué tipo de "orden" deseas hacer. Esto suena complicado, pero solo hay dos tipos principales que necesitas conocer.

1. La Orden de Mercado (La Compra Rápida)

Una Orden de Mercado es la forma más rápida y sencilla de comprar una acción. Cuando seleccionas una Orden de Mercado, le estás diciendo al corredor: "Compra esta acción para mí ahora mismo, sea cual sea el precio de mercado actual."

Imagina que estás pidiendo una hamburguesa de comida rápida. Aceptas el precio del menú y esperas recibirla de inmediato.

Ventajas: La ejecución es casi instantánea. Si el mercado está abierto, tu operación casi siempre se completará de inmediato al precio vigente.

Desventajas: Debido a que los precios de las acciones fluctúan constantemente (a veces en segundos), el precio exacto que pagas podría ser ligeramente más alto o más bajo que el precio que viste cuando hiciste clic en 'Comprar.' Esto suele ser insignificante para los fondos indexados, pero es importante saberlo.

Cuándo usarla: Las órdenes de mercado son excelentes para inversores principiantes, especialmente al comprar activos altamente líquidos como Fondos de Índice S&P 500 (Vanguard VOO o Fidelity FXAIX) donde el precio es estable y el objetivo es simplemente invertir rápidamente.

2. La Orden Límite (La Estrategia del Francotirador)

Una Orden Límite es una compra condicional. Cuando seleccionas una Orden Límite, le estás diciendo al corredor: "Compra esta acción para mí, pero solo si el precio baja a X o menos." Estableces un precio máximo específico que estás dispuesto a pagar.

Imagina que estás esperando que el precio de una nueva consola de videojuegos baje. Solo la comprarás si llega a $399.

Ventajas: Controlas el precio máximo que pagas. Si piensas que una acción está actualmente sobrevalorada pero deseas adquirirla si baja, así es como lo haces.

Desventajas: Tu orden puede que nunca se complete. Si la acción nunca alcanza tu precio límite, no la poseerás, y perderás cualquier crecimiento posterior. Las Órdenes Límite también suelen expirar (por ejemplo, pueden durar solo un día o 30 días).

Cuándo usarla: Las órdenes límite son generalmente utilizadas por operadores más activos o si estás tratando específicamente de comprar acciones individuales durante una gran caída del mercado y deseas asegurarte de conseguir un buen trato.

LISTA DE VERIFICACIÓN DE EJECUCIÓN DEL DÍA 4: TU PRIMERA COMPRA FRACCIONARIA

DADO QUE ERES UN PRINCIPIANTE ENFOCADO EN LA RIQUEZA A LARGO PLAZO, EL enfoque más simple y recomendado es la Orden de Mercado utilizando Acciones Fraccionarias.

Sigue estos pasos en tu aplicación de corretaje elegida (este proceso es casi idéntico en plataformas como Fidelity, Schwab o Robinhood):

Paso 1: Busca el Ticker

Ubica el fondo de índice o acción que decidiste en el Día 2 o Día 3 (por ejemplo, VTI para el mercado total de acciones de EE.UU.). Escribe el símbolo del ticker de tres o cuatro letras en la barra de búsqueda.

Paso 2: Haz clic en 'Operar' o 'Comprar'

Se te llevará a la pantalla de órdenes para ese valor.

Paso 3: Selecciona el Método de Compra

Este es el paso más crítico para los nuevos inversores. Generalmente tendrás dos opciones:

A) Comprar por Acciones (compra tradicional de acciones completas)

B) Comprar por Monto en Dólares (compra de acciones fraccionarias)

Elige 'Comprar por Monto en Dólares.'

Paso 4: Selecciona el Tipo de Orden

Elige 'Orden de Mercado' para ejecución instantánea. (Si eliges una Orden Límite, ahora ingresarías el precio máximo específico que estás dispuesto a pagar por acción.)

Paso 5: Ingresa el Monto

Ingresa la cantidad exacta en dólares que deseas invertir (por ejemplo, $75). Recuerda que este dinero ya debe haber sido transferido a tu cuenta de efectivo de corretaje.

Paso 6: Revisa la Orden

La plataforma te mostrará una pantalla de confirmación. Dirá algo como esto:

Valor: VTI

Tipo de Orden: Orden de Mercado

Monto: $75.00

Estimación de Acciones Compradas: 0.29 Acciones (Esta es la parte fraccionaria)

Paso 7: Confirma la Orden

Haz clic en 'Realizar Orden' o 'Enviar Comercio.'

¡Felicidades! Ahora eres oficialmente un copropietario de las miles de empresas representadas por ese fondo de índice o la acción de la empresa específica que seleccionaste. Has pasado de ser consumidor de estas grandes empresas a ser propietario, con derecho a su crecimiento y ganancias.

Verás el efectivo desaparecer de tu cuenta y el activo (la acción fraccionaria) aparecer en tu cartera en pocos momentos. No te preocupes por el precio específico en el que se ejecutó: el objetivo central de la inversión a largo plazo es que esas pequeñas fluctuaciones son irrelevantes a lo largo de 10 o 20 años.

LA MÁQUINA DE PROMEDIO DE COSTO EN DÓLARES™: TU ESTRATEGIA DE PILOTO AUTOMÁTICO QUE DERROTA LA ANSIEDAD DEL MERCADO

Eres joven, lo que significa que eres lo suficientemente inteligente como para darte cuenta de que intentar cronometrar el mercado—es decir, intentar adivinar el precio más bajo absoluto para comprar o el precio más alto absoluto para vender—es una tarea de locos. Los veteranos de Wall Street con décadas de experiencia y supercomputadoras no pueden hacerlo de manera confiable. ¿Qué te hace pensar que tú puedes?

La búsqueda del momento perfecto es la mayor causa de ansiedad financiera, miedo y malas decisiones para los nuevos inversores. Te obliga a revisar constantemente los precios de las acciones, estresándote sobre si debiste comprar ayer o esperar hasta mañana. Aquí es donde entra la Máquina de Promedio de Costos en Dólares (DCA). DCA es tu asistente financiero robótico, diseñado para eliminar la emoción y garantizar que aproveches automáticamente cada fluctuación del mercado.

¿Qué es el Promedio de Costos en Dólares? Es la estrategia sencilla de invertir una cantidad fija en dólares en un horario regular y consistente, independientemente del precio de las acciones.

Por ejemplo, en lugar de ahorrar $1,000 y volcarlos todos en el mercado en un día específico, te comprometes a invertir $50 cada semana, o quizás $25 cada vez que te pagan de tu trabajo o mesada.

LA MATEMÁTICA BRILLANTE DETRÁS DE DCA

El verdadero genio del DCA es que te obliga a comprar más acciones cuando el mercado está a la baja y menos acciones cuando el mercado está al alza. Con el tiempo, este mecanismo asegura que tu costo promedio por acción sea menor que si hubieras intentado adivinar los movimientos del mercado.

Veamos un escenario simple usando un fondo índice ficticio (Ticker: INVEST).

Mes 1: Inviertes $100. INVEST está a $10 por acción. Compras 10 acciones.

Mes 2: El mercado cae (¡oh no!). INVEST está a $5 por acción. Aún así, inviertes $100. Compras 20 acciones.

Mes 3: El mercado se recupera. INVEST vuelve a estar a $10 por acción. Inviertes $100. Compras 10 acciones.

Total invertido: $300.

Total de acciones poseídas: 40 acciones.

Tu costo promedio por acción: $300 / 40 acciones = $7.50 por acción.

Nota que, aunque la acción terminó los tres meses a $10 por acción (el mismo precio que al inicio), tu costo promedio es solo $7.50. Compraste automáticamente la caída en el Mes 2 sin siquiera pensarlo, lo que te permitió acumular más acciones por menos dinero.

TU ESTRATEGIA DE PILOTO AUTOMÁTICO QUE DERROTA LA ANSIEDAD

PARA UN JOVEN INVERSOR ENFOCADO EN LA RIQUEZA A LARGO PLAZO, EL BENEFICIO psicológico del DCA es, probablemente, más valioso que el beneficio matemático.

1. Derrota el Pánico y el FOMO: DCA elimina la necesidad de preocuparse por las caídas del mercado. Cuando los precios bajan, en lugar de entrar en pánico, sabes que tu próxima inversión programada simplemente comprará más acciones a un descuento. El desplome del mercado ya no es un desastre; es una venta.

2. Promueve la Consistencia: Tu trabajo como inversor es simplemente hacer tu contribución. Una vez que establezcas la rutina—ya sea $25 cada dos semanas o $100 el 1 de cada mes—eliminarás el estrés de la toma de decisiones. La consistencia es el motor del interés compuesto, y el DCA hace que la consistencia sea obligatoria.

3. Funciona con la Vida Real: Como adolescente, tu ingreso es probablemente esporádico o llega en pequeñas y frecuentes cantidades (trabajos ocasionales, mesada, trabajo a tiempo parcial). El DCA se adapta perfectamente a esta realidad. No tienes que esperar hasta tener una gran suma; puedes empezar con pequeñas cantidades de inmediato.

Configurando la Máquina DCA™

Las plataformas de corretaje modernas, diseñadas para usuarios como tú, hacen que implementar DCA sea increíblemente fácil. Este es el Día 4 de tu Plataforma de Lanzamiento de Riqueza de 7 Días, y es hora de automatizar el proceso para que nunca falte una contribución.

Paso 1: Determina tu Frecuencia y Monto de Inversión.

Observa tu flujo de caja (Capítulo 2). Si ganas $100 cada dos semanas, comprométete a mover automáticamente $25 de eso directamente a tu cuenta de inversión. La consistencia es más importante que la cantidad.

Paso 2: Configura Depósitos Recurrentes.

Inicia sesión en tu cuenta de corretaje (Fidelity, Schwab, etc.). Navega a la sección de financiamiento o transferencia. Encontrarás una opción para configurar un depósito recurrente desde tu cuenta bancaria vinculada. Establece el monto ($25) y la frecuencia (quincenal o mensual).

Paso 3: Configura Compras Recurrentes (Compra Automática).

Una vez que el dinero esté en la cuenta de corretaje, necesitas que el corredor compre los activos que seleccionaste en el Día 2 y el Día 3. Para tus fondos índice principales (la red de seguridad del 80%), busca la función de "Inversión Automatizada" o "Comercio Recurrente".

Instruye a la plataforma para que compre automáticamente las acciones fraccionarias de tu fondo índice elegido (como VTI o ITOT) cada vez que los fondos lleguen a la cuenta.

Una vez que estas dos tareas automatizadas estén vinculadas, tu Máquina DCA™ estará completamente operativa.

Cada día de pago, $25 se mueven automáticamente de tu banco, y unas horas más tarde, se compran automáticamente acciones del fondo índice por valor de $25. Has externalizado la parte más difícil de invertir—la toma de decisiones emocionales— a un robot.

Tu única responsabilidad ahora es asegurarte de que el dinero esté en tu cuenta bancaria en la fecha programada y verificar ocasionalmente, cada pocos meses, que la máquina esté funcionando sin problemas. DCA elimina la conjetura, aprovecha el poder de la consistencia y asegura que cuando el mercado baje, seas el afortunado que compra a buen precio.

EL CONTROL TRIMESTRAL DEL PORTAFOLIO: LOS ÚNICOS 15 MINUTOS AL MES QUE NECESITAS DEDICAR A LA RIQUEZA

Si has hecho todo lo expuesto en los últimos seis días—configurado tu automatización, creado tu asignación inicial y financiado tu cuenta—la parte más difícil ha sido superada. Ahora viene el mayor desafío para los nuevos inversores: no hacer absolutamente nada.

El sucio secreto de invertir exitosamente a largo plazo es que es abrumadoramente pasivo. Debes pasar más tiempo aprendiendo sobre las empresas que posees (Capítulo 5) que realmente ajustando tu portafolio.

¿Por qué? Porque revisar obsesivamente es la causa número uno de malas decisiones de inversión.

Tu aplicación o sitio web de corretaje debe ser tratada como una bóveda bancaria altamente segura—la visitas cuando necesitas hacer un depósito o realizar mantenimiento esencial, pero no te quedas allí solo para mirar los números. Cuando el mercado cae un 5% (y lo hará), ver ese número rojo cada hora desencadena pánico. El pánico lleva a vender a la baja, lo que garantiza una pérdida.

Tu objetivo es convertirte en un agricultor disciplinado, no en un jugador ansioso.

El máximo tiempo que necesitas dedicar a la gestión de tu riqueza es de 15 minutos por trimestre (cada tres meses). Si sientes la necesidad de verificar con más frecuencia, hazlo una vez al mes, pero no más. Este chequeo es estrictamente para mantenimiento y evaluación, no para negociación emocional.

Leyendo Tu Informe Trimestral Como un Profesional

Cuando tu estado de cuenta de corretaje llega a tu bandeja de entrada, parece un formulario fiscal del gobierno escrito en un idioma antiguo y confuso. No te preocupes. El 95% de la información es solo papeleo legal o detalles contables que puedes ignorar.

Te interesan dos cifras principales:

1. Valor Total de la Cartera: Esta es la cantidad total en dólares de todo lo que posees. Sigue este número y observa cómo crece (lentamente, al principio, luego rápidamente gracias al interés compuesto).

2. Retorno Total Desde la Incepción: Esto muestra cuánto dinero has ganado como porcentaje desde que comenzaste a invertir. Esta es la verdadera medida de tu progreso.

Ignora los cambios de precio diarios de acciones individuales. Concédele atención a la salud general del bosque, no a la hoja marchita ocasional. Si el mercado está a la baja durante un trimestre, está bien; significa que tu próximo depósito automatizado compra activos a un descuento. Si el mercado está al alza, ¡genial!; eres más rico.

La clave es la consistencia. Mientras sigas depositando dinero a tiempo, estás ganando.

El Imperativo de Reequilibrio: Manteniendo Tu Proporción de Cartera en Control

Recuerda cuando diseñamos tu cartera inicial? Creamos un plan de asignación, quizás el 70/30:

70% Fondos Índice (La Base Segura)

30% Acciones Individuales (Los Impulsores de Crecimiento Agresivo)

Con el tiempo, esta proporción va a desviarse. ¿Por qué? Porque las inversiones crecen a diferentes velocidades.

Imagina que tus acciones individuales tienen un año fenomenal y suben un 40%, mientras que tus fondos índice crecen un respetable 10%. Tu cartera inicial de $1,000 (con $700 en fondos índice y $300 en acciones) podría lucir ahora así:

Fondos Índice: $770 (ganancia del 10%)

Acciones Individuales: $420 (ganancia del 40%)

Total de la Cartera: $1,190

Ahora, mira los porcentajes:

Fondos Índice: 64.7%

Acciones Individuales: 35.3%

Tu cartera se ha vuelto más arriesgada de lo que planeabas. Las acciones individuales (los activos más arriesgados) ahora representan una mayor porción de tu riqueza total. Esto se llama deriva de asignación.

El chequeo de mantenimiento es cuando realizas el reequilibrio.

¿Qué es el Reequilibrio?

El reequilibrio es el proceso de devolver tu cartera a su asignación objetivo original (en este caso, 70/30). Es el ejercicio definitivo de comprar bajo y vender alto sin emociones.

Hay dos formas fáciles de reequilibrar:

Método 1: Comercio Directo (Para Balances Más Grandes)

Dado que las acciones individuales (35.3%) ahora están sobresaturadas, venderías una porción de las acciones que han tenido un buen rendimiento y usarías ese efectivo para comprar más de los fondos indexados (64.7%) hasta que regreses exactamente a 70/30. Esto asegura las ganancias de las acciones de alto rendimiento y aumenta tu exposición a los fondos indexados más seguros, reduciendo el riesgo general.

Método 2: Contribuciones Dirigidas (El Método del Genio Perezoso)

Dado que estás contribuyendo con dinero nuevo cada mes a través de la Promediación de Costos en Dólares, simplemente puedes dejar de dirigir dinero nuevo hacia las acciones individuales durante el próximo trimestre o dos y poner el 100% de tus nuevos depósitos en el activo subponderado—los fondos indexados—hasta que la relación se corrija naturalmente de nuevo a 70/30. Esto es más fácil y a menudo evita eventos fiscales inmediatos (aunque para la mayoría de los adolescentes, los impuestos aún no son un problema).

Tu lista de verificación trimestral de 15 minutos:

1. Inicia sesión en tu cuenta de corretaje.

2. Revisa el Valor Total de la Cartera y el Retorno Total.

3. Calcula tus porcentajes actuales de asignación de activos (Fondos Indexados vs. Acciones Individuales).

4. Si la asignación se ha desviado más de un 5% de tu objetivo original (por ejemplo, si estás en 75/25 en lugar de 70/30), toma acción.

5. Ejecuta un movimiento de reequilibrio (ya sea vendiendo ganadores o dirigiendo nuevas contribuciones a los perdedores).

6. Cierra sesión.

7. Ve y disfruta el resto de tu semana.

Al seguir este horario de mantenimiento mínimo, aseguras que estás tomando decisiones racionales y estratégicas sobre el riesgo y la recompensa, en lugar de decisiones emocionales impulsadas por el ruido temporal del mercado. Has configurado la máquina; ahora déjala funcionar.

ADVERTENCIA: CUANDO EL MERCADO SE COLAPSE, HAZ ESTO (EL MOVIMIENTO CONTRAPRODUCENTE QUE TE HARÁ MÁS RICO)

HABLEMOS DE LA CERTEZA ABSOLUTA DEL DOLOR.

Has lanzado tu cartera, configurado tu máquina de Promediación de Costos en Dólares (DCA), y te sientes fantástico. Tus inversiones están avanzando, tal vez un 5% o 10% arriba. Luego, aparentemente de la nada, inicias sesión en tu aplicación de corretaje, y el número está en rojo. No solo un poco rojo—profundo, aterrador carmesí.

Las noticias claman sobre una recesión, una crisis de vivienda o una catástrofe global. Tu cartera de $1,000 podría de repente valer $750.

Tu reacción inmediata será entrar en pánico. Vender todo y salir antes de perder más.

Si solo recuerdas un consejo de todo este libro, que sea este: No vendas por pánico. No detengas tus contribuciones regulares.

El mercado de valores nunca se mueve en línea recta. Es una montaña rusa. Hay picos, valles y caídas que te revuelven el estómago. Estas caídas—que Wall Street llama mercados bajistas, correcciones o colapsos—no son solo normales; son necesarias. Y para un joven inversor como tú, son la mayor oportunidad que jamás encontrarás.

La Gran Venta de Liquidación

Cuando el mercado colapsa, los medios de comunicación adoran enmarcarlo como un fracaso catastrófico. Pero tú, el inversor inteligente a largo plazo, deberías verlo de manera diferente: el mercado está teniendo una masiva venta de liquidación.

Piénsalo lógicamente. ¿Acaso Apple dejó de vender iPhones de repente? ¿Microsoft dejó de gestionar Internet? ¿Las 500 empresas de tu fondo S&P 500 de repente olvidaron cómo hacer dinero? No. Estas siguen siendo empresas de clase mundial, pero ahora, gracias al pánico masivo, puedes comprar sus acciones por un 20% o 30% de descuento.

Este es el movimiento contraproducente que separa a los millonarios de los consumidores promedio: mientras todos los demás huyen con miedo y venden bajo (la definición de perder dinero), el inversor astuto da un paso adelante y compra más.

Cuando tienes 16, 18 o 20 años, un colapso del mercado de valores es el mejor regalo que podrías recibir. ¿Por qué? Porque tienes décadas—literalmente de 40 a 50 años—para que esos activos se recuperen y crezcan. Imagina comprar acciones de las mejores empresas del mundo a precios de liquidación. Cuando el mercado finalmente se recupere (y, históricamente, siempre lo hace, usualmente dentro de unos pocos años), habrás comprado cantidades masivas de riqueza por poco.

Una Pérdida No Es una Pérdida Hasta Que Vendes

El mayor error que comete un principiante durante una caída es confundir una pérdida en papel con una pérdida realizada.

Cuando tu cartera cae de $1,000 a $750, solo has perdido $250 si presionas el botón "Vender". Si no haces nada, aún posees la misma cantidad de acciones. Esas acciones simplemente están valoradas más bajo hoy. A medida que el mercado se recupera, esos $750 volverán a subir a $1,000, luego a $1,200, y así sucesivamente.

Al ceñirte a tu plan, dejas que el tiempo haga el trabajo pesado. La volatilidad de hoy se suaviza con décadas de crecimiento compuesto.

Tu lista de verificación de acciones durante el colapso del mercado

Cuando los titulares comienzan a gritar y tu cartera cae por debajo de tu inversión inicial, sigue esta simple lista de verificación de cuatro puntos. Ten en cuenta que el mejor consejo típicamente es no hacer absolutamente nada fuera de tu automatización preestablecida.

1. Cierra la aplicación y dá un paseo

El objetivo número uno es eliminar la emoción. Si ver los números en rojo provoca pánico, deja de mirarlos. Recuerda la investigación del Capítulo 5: chequear tu cartera diariamente garantiza que perderás dinero porque invita a la toma de decisiones emocionales e irracionales. Eres un inversor a largo plazo; solo necesitas chequear tu rendimiento trimestralmente. Deja de desplazarte por tus finanzas con miedo.

2. Confirma que tu DCA sigue funcionando

La belleza de la Máquina de Promediación de Costos en Dólares (de la sección anterior) es que invierte mecánicamente, sin emoción. Cuando el mercado cae, tu compra automatizada compra más acciones por la misma cantidad de dinero. Revisa tus configuraciones. Si están funcionando, ¡déjalas funcionar! Esto es exactamente para lo que está diseñado el DCA—para aprovechar los precios bajos sin que tengas que pensarlo.

3. Resiste la Tentación de 'Elegir el Fondo'

Cuando el mercado está colapsando, podrías pensar: "Esperaré hasta que caiga otro

10%, luego compraré." No intentes cronometrar el mercado. Nadie—ni siquiera el gestor de fondos de cobertura más experimentado—sabe cuándo ocurrirá el fondo absoluto. Te perderás el rebote esperando el momento perfecto. En su lugar, ceñirte a tu programación regular de compras automatizadas. Si tienes efectivo extra reservado (que no necesitas para emergencias), siéntete libre de desplegarlo gradualmente en tus fondos indexados principales.

4. Revisa Tu Tesis Original

Pregúntate: "¿Cambió fundamentalmente la razón por la que invertí en este activo?"

Si compraste un fondo indexado amplio porque crees que la economía global seguirá creciendo en los próximos 40 años, ¿ha cambiado una caída del mercado de seis meses esa creencia fundamental? (No.) Si invertiste en una empresa de videojuegos porque creías que su tecnología era superior, ¿es ahora de repente inferior esa tecnología? (Probablemente no.) Mientras tu tesis de inversión se mantenga, tu trabajo es simplemente comprar y mantener, y idealmente, comprar más.

Los colapsos del mercado son la verdadera prueba de litmus de un inversor. Al negarte a entrar en pánico, siguiendo contribuyendo y viendo las caídas como oportunidades en lugar de desastres, aprovechas el caos para construir una riqueza a largo plazo mucho más rápido que aquellos que solo invierten cuando el mercado se siente "seguro." La seguridad, en este contexto, es cara. La oportunidad usa una máscara aterradora. Abrázala.

Capítulo 8: Día de Graduación: Desbloqueando Las Herramientas de Adulto (Secretos Fiscales, Cuentas de Jubilación, y Escalando a $100K)

Felicidades. Has graduado oficialmente.

Si los Capítulos 1 a 7 se trataban de dominar los fundamentos—aprender las reglas del juego, configurar su equipo y ejecutar su primer jugada—el Capítulo 8 trata sobre mejorar tu equipo. Ahora estás haciendo la transición de ser un inversor adolescente inteligente bajo supervisión del custodio a un inversor joven que toma el control de toda su fortaleza financiera.

Esta transición viene con dos desbloqueos principales: más poder y más responsabilidad. El poder es la capacidad de utilizar herramientas financieras verdaderamente especializadas y altamente eficientes en impuestos (¡hola, Roth IRA!). La responsabilidad es entender cómo el gobierno mira tu dinero (¡hola, impuestos!).

Has construido el motor (tu cartera); ahora es hora de afinarlo para alcanzar la máxima velocidad, eficiencia fiscal y escalabilidad rápida. El objetivo ya no es solo empezar; el objetivo es aprovechar tu ventaja de edad de tal manera que llegues a $100,000 antes de cumpli-r 25.

El camino por delante es claro, profesional, y mucho más lucrativo que el de un adulto promedio que esperó demasiado.

El Boogeyman del IRS: Cómo Manejar los Impuestos sobre Ganancias de Capital para No Ser Auditados antes de los 20

Si hay un tema que hace que a cada nuevo inversor se le caiga el estómago, son los impuestos. La buena noticia es que para la mayoría de los jóvenes inversores, la situación fiscal es increíblemente simple, y a menudo, los impuestos realmente adeudados son cero.

La clave es la concienciación. Necesitas saber cuándo tus actividades de inversión desencadenan una obligación fiscal, para que nunca te sorprendan, y tu custodio (padre) pueda presentar correctamente.

Los dos impuestos principales de los que debes conocer ahora son las Ganancias de Capital y los Dividendos.

1. Impuestos sobre Ganancias de Capital: El Impuesto sobre el Éxito

Cuando compras una acción o un ETF, estableces una "base de costo" (lo que pagaste por ella). Si vendes ese activo por más de lo que pagaste, tienes una ganancia de capital—una ganancia. El gobierno quiere un pedazo de esa ganancia.

Ganancias a Corto Plazo: Si compras un activo y lo vendes dentro de 365 días o menos, la ganancia se considera una ganancia de capital a corto plazo. Esto se grava a la misma tasa que tus ingresos por trabajo normal (como los salarios de tu empleo). Por eso el Capítulo 5 te advirtió sobre el comercio diario—sujeta cualquier ganancia a la tasa impositiva más alta.

Ganancias a Largo Plazo: Si compras un activo y lo mantienes por más de 365 días, la ganancia se considera una ganancia de capital a largo plazo. Este es el código de trampa definitivo. Las ganancias de capital a largo plazo se graban a tasas mucho más bajas que los ingresos obtenidos, siempre que tu ingreso total esté por debajo de ciertos umbrales federales. Para 2024, la tasa de ganancias de capital a largo plazo del 0% se aplica a ingresos inferiores a aproximadamente $47,000 para declarantes solteros. Dado que la mayoría de los jóvenes inversores están muy lejos de este umbral, la ganancia que obtienes de inversiones inteligentes a largo plazo a menudo es totalmente libre de impuestos.

La Lección: Mantén tus inversiones durante al menos un año y un día (366 días) para asegurarte de que tus ganancias califiquen para el 0% o el tramo impositivo más bajo posible.

2. Impuestos sobre Dividendos: El Impuesto sobre el Dinero Gratis

¿Recuerdas cuando hablamos sobre los dividendos—los pequeños pagos en efectivo que las empresas te envían solo por ser propietario? Estos pagos se consideran ingresos gravables en el año en que se reciben, incluso si los reinviertes automáticamente.

Nuevamente, debido a los bajos umbrales de ingresos, la mayoría de los inversores adolescentes que reciben dividendos encontrarán que estos pagos están por debajo del límite imponible.

El Impuesto Infantil y las Cuentas de Custodia

Como estás bajo los 18 años (o 21 en algunos estados), tus activos se mantienen en una cuenta UGMA o UTMA, administrada por un custodio. Estas cuentas están regidas por las reglas del "Impuesto Infantil," que están diseñadas para evitar que los padres adinerados refugien grandes cantidades de dinero a nombre de sus hijos.

Para la mayoría de los adolescentes, la regla es simple:

La primera pequeña cantidad de ingresos de inversión (por ejemplo, $1,250 en 2024) está libre de impuestos.

La segunda cantidad (hasta otros $1,250) se grava a la tasa del niño (que generalmente es muy baja).

Los ingresos que superen ese umbral se gravan a la tasa marginal generalmente más alta de los padres.

No entres en pánico. Si estás comenzando con poco, generando menos de $2,500 en ingresos por inversiones anualmente (incluyendo dividendos y ganancias de ventas), tu carga fiscal será probablemente mínima, si no cero.

Tu Corredora Hace el Trabajo Pesado

El mayor alivio es que tu firma de corretaje (Fidelity, Schwab, etc.) maneja casi todo el papeleo. Te envían a ti y al IRS un Formulario 1099-B (informando ventas) y un Formulario 1099-DIV (informando dividendos) cada enero.

Como el propietario beneficiario, tu trabajo es simplemente estar al tanto de los ingresos que se generan. Tu custodio luego utiliza estos formularios para presentar tus impuestos. La mejor manera de evitar al Boogeyman del IRS es mantener tu enfoque a largo plazo, minimizar las ventas innecesarias, y dejar que tu corredora y custodio manejen la logística de presentación.

La Mina de Oro del Roth IRA: Pagar Cero Impuestos sobre tu Futuro Patrimonio de un Millón de Dólares

Si la cuenta de custodia fue el campo de entrenamiento, el Roth IRA es el premio definitivo: una herramienta tan poderosa, que el gobierno en realidad te permite mantener todas las ganancias libres de impuestos, para siempre.

¿Qué es un Roth IRA?

IRA significa Acuerdo de Jubilación Individual. La versión Roth está estructurada específicamente para ofrecer el máximo beneficio a los jóvenes.

Pero hay una trampa, y es grande: Para contribuir a un Roth IRA, debes tener ingresos por trabajo. Esto significa que debes tener un trabajo W-2 (a tiempo parcial, trabajo de verano, niñera, etc.) o ingresos documentados del 1099 (como trabajo independiente). La mesada y los regalos no cuentan.

La Magia del Roth: Paga Impuestos Ahora, Disfruta Millones Libres de Impuestos Más Tarde

Un Roth IRA se financia con dólares después de impuestos. Esto significa que pagas los impuestos sobre ese dinero ahora, mientras eres joven, probablemente ganando poco, y por lo tanto en el tramo impositivo más bajo posible.

Una vez que el dinero está en el Roth IRA, crece, se capitaliza, genera dividendos y gana valor completamente libre de impuestos. Cuando cumplas 59 años y medio y decidas retirarte, puedes retirar cada dólar—las contribuciones originales y todos los millones en crecimiento—sin pagar un solo centavo de impuestos. Nunca.

Compara esto con una cuenta de corretaje estándar: Cada vez que vendes una acción ganadora, pagas impuestos. En un Roth IRA, esa acumulación de riqueza masiva está protegida.

Por Qué los Adolescentes Tienen la Ventaja Definitiva del Roth

Imagina que contribuyes la cantidad máxima permitida a un Roth IRA durante solo cinco años entre los 16 y 21 años (suponiendo que tienes ingresos por trabajo). Supongamos que promedia $5,000 por año, totalizando $25,000.

Si esos $25,000 se invierten en un fondo indexado amplio que logra un rendimiento promedio conservador del 8%:

Para la edad de 40, esas contribuciones valen más de $170,000.

Para la edad de 65, esas contribuciones valen más de $1.7 millones.

Crucialmente, no has agregado un solo centavo desde los 21 años, y ese crecimiento total de $1.7 millones es libre de impuestos. Este enorme avance—permitiendo que tus primeros dólares tengan décadas más de tiempo de capitalización—es una oportunidad que un adulto de 30 años simplemente no puede replicar.

Las Reglas:

1. Límite de Contribución: Solo puedes contribuir hasta el límite anual del IRS (que ha sido más de $6,000 en años recientes) O tu ingreso total por trabajo para ese año, lo que sea menor.

2. Requisito de Custodia: Los adolescentes deben abrir el Roth IRA como una cuenta de custodia (Roth IRA de Custodia) con un padre o tutor, similar a la configuración de la cuenta de corretaje.

3. Flexibilidad: Los Roth IRA son flexibles. Aunque están destinados para la jubilación, las contribuciones originales generalmente pueden retirarse sin penalización en cualquier momento para uso de emergencia (aunque esto se desaconseja mucho).

Si tienes ingresos por trabajo, tu prioridad más crucial es maximizar esa contribución al Roth IRA antes de poner un solo centavo extra en tu cuenta de corretaje estándar. Literalmente estás comprando millones futuros libres de impuestos.

Confrontación del Fondo Universitario: Por Qué Tu Cuenta Estándar Podría ser Mejor Que Ese Plan 529 Restrictivo

Muchos jóvenes inversores están ahorrando para un objetivo definido: la universidad. Cuando se reserva dinero para la educación, generalmente surgen dos opciones principales: el Plan 529 y la cuenta de corretaje estándar (UGMA/UTMA) que ya tienes.

El Plan 529: La Cuenta Solo para Educación

El Plan 529 es una cuenta de ahorros patrocinada por el estado específicamente para costos educativos (matrícula, alojamiento y comida, libros).

Pros:

Crecimiento Libre de Impuestos: Al igual que el Roth IRA, el dinero crece libre de impuestos.

Retiro Libre de Impuestos: Los retiros están libres de impuestos, siempre que se utilicen para gastos educativos calificados.

Contras:

Falta de Flexibilidad: Si no asistes a la universidad, obtienes una beca o decides asistir a una escuela técnica que no está cubierta por la definición, cualquier ganancia retirada para fines no educativos está sujeta a impuestos sobre la renta más una penalización del 10%. Esta penalización es el gran inconveniente de los planes 529.

Impacto en la Ayuda Financiera: Si bien generalmente es mejor que tener el dinero a nombre del estudiante, los activos de un plan 529 aún pueden ser evaluados durante el cálculo de ayuda financiera (aunque este es un paisaje en rápida evolución).

Tu Cuenta de Corretaje Estándar (UGMA/UTMA)

Esta es la cuenta que has estado construyendo a lo largo de esta guía.

Pros:

Flexibilidad Máxima: Los fondos pueden usarse para absolutamente cualquier cosa: matrícula, un pago inicial para una casa, iniciar un negocio, viajar o un fondo de retiro. No hay penalizaciones por cambiar de opinión o cambiar tus objetivos.

Control: Al alcanzar la mayoría de edad (generalmente 18 o 21 años), los activos se transfieren directamente al inversionista sin ataduras.

Contras:

Crecimiento Imponible: Pagas impuestos sobre las ganancias de capital en las ganancias cuando vendes, y impuestos sobre los dividendos a medida que los recibes (aunque, como se ha establecido, esto suele ser del 0% para los jóvenes inversionistas).

El Veredicto para el Inversionista Proactivo

Si tienes 16 años y no estás seguro de si asistirás a una universidad de cuatro años, o si sospechas que podrías necesitar el dinero para otra cosa (como comprar materiales para tu primer negocio o pagar en efectivo por un automóvil), la flexibilidad de la cuenta de corretaje estándar a menudo gana.

Los posibles ahorros fiscales del plan 529 rara vez valen la enorme penalización si eliges un camino diferente. Una cuenta de corretaje estándar, especialmente si se invierte en fondos indexados de bajo volumen (que minimizan los eventos fiscales), ofrece la máxima libertad. La libertad financiera se trata de opciones, y la cuenta de corretaje estándar ofrece muchas más opciones.

El Acelerador de Riqueza: Alcanzar $500,000 Antes de los 30 Aprovechando Tu Nueva Libertad de Adulto

Has completado la capacitación. Sabes cómo investigar acciones, conoces la diversificación, conoces el poder del Roth y entiendes el panorama fiscal. Ahora es el momento de esperar el momento en que obtengas el control legal total de tus activos y cómo escalar tus contribuciones drásticamente.

La Transferencia: Mayoría de Edad

A los 18 años (o 21, dependiendo de tu estado y el tipo de cuenta), los activos bajo custodia legalmente se convierten en tuyos. El papel del custodio termina, y tú asumes la responsabilidad total de gestionar, invertir y presentar impuestos sobre la cuenta. Esto es verdadera adultez financiera.

Tres Palancas Clave para el Crecimiento Exponencial

Para pasar de una cartera de principiante a una riqueza neta de $100,000 (el trampolín hacia medio millón antes de los 30), debes accionar estas tres palancas:

1. Maximiza el Roth IRA Cada Año

Esto no es negociable. A medida que tu ingreso ganado aumente a través de trabajos mejor remunerados, prioriza maximizar tu contribución Roth (actualmente de $6,500 a $7,000 dependiendo del año). Ese dinero está permanentemente protegido de impuestos futuros, multiplicando su valor con el tiempo. Si no haces nada más, maximiza el Roth IRA.

2. Automatiza Contribuciones Agresivas

Una vez que cumplas 18 años y ganes un ingreso a tiempo completo o serio a tiempo parcial, aumenta tu mandato de 'Págate Primero' del Capítulo 2. Apunta a invertir del 15% al 20% de cada cheque de pago.

Ejemplo: Si ganas $3,000 al mes después de impuestos, dedicar $600 a la inversión ($550 a tu Roth, $50 extra a tu corretaje) proporciona el combustible que el motor de compounding necesita para alcanzar rápidamente esos hitos importantes. La consistencia es mucho más poderosa que cronometrar el mercado.

3. Amplía la Diversificación y el Riesgo Apropiadamente

A medida que tu cartera crece, adquieres la estabilidad necesaria para comenzar a diversificar en clases de activos más avanzadas que coincidan con tu tolerancia al riesgo de alto crecimiento y largo plazo:

Exposición Internacional: Dedica del 10% al 20% de nuevo capital a fondos internacionales (ETFs) para captar crecimiento fuera del mercado estadounidense.

Fondos Índice de Pequeñas Capitalizaciones: Estos son índices de empresas más pequeñas, a menudo de crecimiento más rápido, que conllevan más riesgo pero mayores recompensas potenciales.

Bienes Raíces (La Forma Fácil): Investiga los REITs (Fideicomisos de Inversión en Bienes Raíces), que son esencialmente empresas que poseen carteras de propiedades generadoras de ingresos. Compras acciones como si fueran acciones, obteniendo exposición a bienes raíces sin tratar con inquilinos.

El Objetivo del Lanzamiento de $100,000

Alcanzar la marca de $100,000 en tus primeros veintitantos años es el paso más difícil: requiere esfuerzo constante y una contribución significativa.

Pero una vez que llegues a los $100,000, el interés compuesto toma el control y hace el trabajo pesado. Si alcanzas $100K a los 25 años, la historia muestra que, incluso si nunca contribuyes con otro centavo, ese dinero probablemente crezca a más de $1 millón cuando llegues a la edad estándar de jubilación.

Sin embargo, dado que continuarás contribuyendo, la meta de $500,000 a los 30 años es absolutamente alcanzable. Ese nivel de riqueza te da verdadera palanca y libertad, permitiéndote elegir tu trayectoria profesional en función de la pasión, no solo del salario.

Tienes el conocimiento, las herramientas y el superpoder definitivo: el tiempo. Usa tus primeros años de libertad financiera sabiamente.

EL PTSD FISCAL: CÓMO MANEJAR LOS IMPUESTOS SOBRE LAS GANANCIAS DE CAPITAL PARA QUE NO TE AUDITEN ANTES DE LOS 20

¡Felicidades! Has dominado el arte de ganar dinero mientras duermes. Ahora, para el inevitable efecto secundario: el gobierno quiere su parte.

La frase "impuesto sobre las ganancias de capital" suena como algo reservado para los millonarios de Wall Street, pero si has estado invirtiendo a través de una cuenta de corretaje imponible (como la UGMA/UTMA que configuraste en el Capítulo 3), necesitas entender dos tipos clave de ingresos que le importan al IRS.

No entres en pánico. Para la gran mayoría de los nuevos inversionistas adolescentes, especialmente aquellos enfocados en el crecimiento a largo plazo y no en el comercio diario, la carga impositiva real es mínima o incluso cero. La meta aquí es la conciencia, para que nunca te lleves sorpresas.

Las dos cosas que activan al hombre de impuestos:

1. Dividendos (El Cheque de Pago Estable)

Un dividendo es dinero que una empresa te paga solo por poseer sus acciones. Si posees acciones de Coca-Cola, podrían enviarte unos centavos por acción cada trimestre. Esto es "ingreso no ganado", y el IRS lo considera imponible. Tu firma de corretaje rastrea y reporta automáticamente estos pagos.

2. Ganancias de Capital (El Margen de Ganancia)

Una ganancia de capital es la ganancia que obtienes cuando vendes una inversión por más de lo que pagaste por ella.

Compras 10 acciones de una empresa de videojuegos por $500.

Seis meses después, las vendes por $600.

Tu ganancia de capital es de $100.

Esa ganancia de $100 es ingreso imponible.

Por eso enfatizamos la diferencia entre comprar (el precio sube, pero aún no se debe impuesto) y vender (el momento en que realizas la ganancia y activas el impuesto).

Corto Plazo vs. Largo Plazo: El Hack Fiscal Definitivo

El gobierno recompensa a los inversionistas pacientes. Si vendes un activo después de tenerlo menos de un año, es una ganancia de capital a corto plazo. Esta ganancia se grava a tu tasa impositiva regular (que podría ser baja si no ganas mucho, pero podría ser alta si tienes un trabajo).

Si vendes un activo después de tenerlo más de un año, es una ganancia de capital a largo plazo. Estas tasas son significativamente más bajas— a menudo 0% para aquellos en los tramos impositivos más bajos. Este es el hack financiero definitivo: mantener inversiones por más tiempo reduce drásticamente tu obligación fiscal.

El Umbral Fiscal Adolescente: Cuándo Debes Presentar

Dado que eres menor de edad, tus ingresos de inversión se rigen por reglas especiales a menudo denominadas "Impuesto a los Niños". Aunque las reglas son complicadas (y cambian anualmente), lo que debes recordar como principiante es simple:

Generalmente no tienes que preocuparte por pagar impuestos sobre los ingresos de inversión (dividendos y ganancias de capital) a menos que tu ingreso no ganado supere un umbral específico.

Para la mayoría de los años fiscales recientes, este umbral es de alrededor de $1,250 (siempre consulta la guía actual del IRS, pero esta es una buena cifra aproximada).

Lo que esto significa en la práctica:

Si tu cartera de acciones te paga $50 en dividendos y solo vendiste una acción con una ganancia de $50 (ingreso no ganado total = $100), no debes nada y probablemente no tengas que presentar una declaración de impuestos relacionada con ese ingreso.

Si tus dividendos y ganancias de capital realizadas suman $1,500, has cruzado el umbral y debes impuestos sobre el monto que excede el umbral

Reaseguro: Por qué las auditorías no vendrán por tu dinero de cartas de Pokémon

Es extremadamente poco probable que debas impuestos significativos como inversor principiante por tres razones:

1. Ganancias realizadas mínimas: La estrategia principal de este libro es comprar y man tener. No estás vendiendo activos cada semana, lo que significa que no estás realizando ganancias de capital. Tu dinero está en el mercado, creciendo libre de impuestos.

2. Bajos rendimientos por dividendos: La mayoría de los fondos indexados y acciones

de crecimiento que recomendamos no pagan enormes dividendos, manteniendo ese flujo de ingresos bajo.

3. La tasa del 0% a largo plazo: Si vendes un activo con ganancia después de haberlo mantenido durante más de un año, probablemente estés en la categoría del 0% de impuestos sobre ganancias de capital a largo plazo si tus ingresos generales (trabajo + inversiones) son bajos.

El plan de prevención de pánico en la documentación

La firma de corretaje (Fidelity, Schwab, etc.) se encarga de todo el seguimiento por ti. Actúan como contadores para el IRS. En enero, enviarán documentos fiscales oficiales a tu custodio/padre, siendo los más comunes el 1099-B (para ventas/ganancias de capital) y el 1099-DIV (para dividendos).

¿Tu única tarea? Asegúrate de que tu custodio o el adulto que prepara los impuestos de tu familia reciba estos formularios y los incluya en su declaración. Estos formularios le indican al IRS exactamente cuánto dinero ganaron tus inversiones.

Una vez que cumplas 18 años y la cuenta custodial pase legalmente a ser tuya, asumirás la plena responsabilidad de presentar tus propias declaraciones basadas en estos formularios 1099. Pero para entonces, estarás experimentado, informado y listo para afrontarlo. (Cubriré esto con más detalle en el Capítulo 8.)

Por ahora, concéntrate en las inversiones. Los impuestos se resolverán por sí mismos, especialmente si te mantienes en la estrategia de comprar y mantener a largo plazo. La mejor estrategia fiscal suele ser no hacer nada y simplemente esperar.

La mina de oro de la IRA Roth: No pagar impuestos sobre tu futura fortuna de un millón de dólares

Has dominado el arte de hacer que el dinero trabaje para ti, pero ahora es momento de dominar el arte de mantenerlo.

Cada vez que vendes una acción en una cuenta de corretaje estándar con ganancias, el gobierno quiere su parte: un impuesto sobre las ganancias de capital. Si compras una acción que paga dividendos, esos dividendos se gravan como ingreso cada año. Los impuestos son el gasto más grande al que se enfrentan la mayoría de las personas adineradas, llevándose a menudo el 20%, 30% o incluso más de tus ganancias duramente ganadas.

Pero, ¿qué pasaría si pudieras proteger esos beneficios por completo? ¿Y si pudieras construir una fortuna de un millón de dólares donde cada centavo de crecimiento—no solo la contribución inicial—sea 100% libre de impuestos cuando lo retires?

Bienvenido a la mina de oro de la IRA Roth.

La IRA Roth es indudablemente el vehículo más poderoso para la creación de riqueza disponible para los jóvenes inversores. Es una cuenta de jubilación individual (IRA), lo que significa que el dinero generalmente está destinado a permanecer hasta la jubilación, pero el tratamiento fiscal es revolucionario.

Cómo funciona: A diferencia de una cuenta de inversión tradicional donde el crecimiento se grava más tarde, con una IRA Roth, contribuyes dinero que ya ha sido gravado (conocido como "dólares post-impuestos"). Como pagas el impuesto por adelantado, el gobierno promete que nunca volverás a pagar impuestos sobre ese dinero—ni sobre el crecimiento, ni sobre los dividendos, y ni cuando retires los fondos décadas más tarde.

El requisito de ingreso ganado (el boleto dorado)

Hay un requisito crítico para abrir y financiar una IRA Roth: debes tener ingresos ganados.

Esto significa que debes tener dinero de un trabajo, ya sea un trabajo de verano W-2, un trabajo freelance 1099, pasear perros, cuidar niños o administrar una tienda en línea legítima. El dinero de la mesada o el dinero de cumpleaños, aunque sea bueno, no cuenta. La cantidad que contribuyas en cualquier año no puede exceder la cantidad que ganaste ese año (y no puede exceder el límite de contribución anual establecido por el IRS, que actualmente es de aproximadamente $7,000).

Por ejemplo, si ganaste $2,500 trabajando en la heladería este verano, puedes contribuir hasta $2,500 a una IRA Roth. Si ganaste $10,000, estás limitado por el máximo del IRS, que es más alto de lo que la mayoría de los adolescentes ganarán.

Por qué empezar AHORA es el código de trampa definitivo

Si la IRA Roth es un escudo fiscal tan poderoso, ¿por qué empezar como adolescente es la mayor ventaja? La respuesta, como siempre, es el interés compuesto y el tiempo.

Imagina a dos inversores, ambos contribuyendo $5,000 anualmente y ambos ganando un retorno promedio del 8%:

1. Inversor A (Tú): Comienza a los 17 años y contribuye durante 10 años, luego deja de contribuir por completo. Solo aportó un total de $50,000.

2. Inversor B (Tu hermano mayor): Espera hasta los 27 años para comenzar a contribuir y sigue contribuyendo $5,000 cada año hasta la jubilación (65 años). Aporta un total de $190,000.

¿Quién termina con más?

El Inversor A gana, y ni siquiera está reñido. Debido a que esos primeros $50,000 comenzaron a crecer libres de impuestos 10 años antes, el dinero del Inversor A alcanza significativamente más que el del Inversor B, a pesar de que B contribuye casi cuatro veces más capital. El Inversor A podría terminar con más de $2.5 millones, mientras que el Inversor B podría alcanzar solo $1.8 millones.

La magia es que toda la cantidad—los $2.5 millones—está libre de impuestos federales al momento de la jubilación.

Esto convierte a la IRA Roth en la absoluta prioridad para cada dólar que ganes como adolescente, incluso por encima de una cuenta de corretaje regular. ¿Por qué invertir dinero que será gravado cuando puedes invertir dinero que será libre de impuestos?

La flexibilidad que necesitas (no está completamente bloqueada)

Si bien la IRA Roth es principalmente una herramienta de jubilación, el IRS te brinda una flexibilidad fantástica en tus contribuciones.

Crucialmente, puedes retirar las contribuciones principales (el dinero que ingresaste) en cualquier momento, por cualquier motivo, sin penalizaciones ni impuestos.

Si aportas $5,000 y la cuenta crece a $7,000, siempre puedes retirar los $5,000 iniciales que contribuiste si los necesitas para un gran gasto (como matrícula universitaria o una emergencia). Solo los $2,000 de crecimiento puro están bloqueados hasta los 59.5 años (con algunas excepciones, como comprar tu primera casa).

Esta característica hace que la IRA Roth sea un vehículo increíblemente seguro y eficiente para los jóvenes. Te permite construir riqueza con la máxima ventaja fiscal, sabiendo que tu capital original no está atrapado si la vida te presenta un inconveniente.

Si tienes un trabajo y un ingreso ganado, abrir y financiar una IRA Roth debería ser tu próximo paso inmediato después de establecer tu cuenta custodial regular. Estás sentando las bases para un futuro verdaderamente libre de impuestos y multimillonario, y estás empezando décadas antes que el 99% de la población.

CONFRONTACIÓN DEL FONDO UNIVERSITARIO: POR QUÉ TU CUENTA ESTÁNDAR PODRÍA SER MEJOR QUE ESE PLAN 529 RESTRICTIVO

La mayoría de los gurús financieros te dirán automáticamente que si estás ahorrando para la universidad, debes usar un plan 529. No están equivocados, pero solo te están contando la mitad de la historia. Si bien los planes 529 ofrecen una ventaja fiscal increíble, vienen con una gran desventaja: grilletes restrictivos.

Para muchos jóvenes inversores que no están seguros de su futuro, o para aquellos cuyos padres ya tienen suficientes fondos de jubilación, la cuenta de corretaje imponible estándar (ya sea UGMA/UTMA o una cuenta individual) a menudo presenta una solución muy superior debido a su pura flexibilidad.

El plan 529: Lo bueno, lo malo y la penalización

Un plan 529 es un vehículo de inversión patrocinado por el estado diseñado para fomentar el ahorro para futuros costos educativos.

El gran beneficio del 529 es su tratamiento fiscal: todo el dinero contribuido crece libre de impuestos, y los retiros son totalmente libres de impuestos, siempre que el dinero se utilice para gastos educativos calificados (matrícula, tarifas, libros y habitación y comida). Esta es una ventaja enorme de acumulación.

El inconveniente, sin embargo, es un gran problema. Si tu estudiante decide no asistir a la universidad, unirse al ejército, asistir a una escuela técnica o recibe una beca sustancial, usar ese dinero del 529 para cualquier otra cosa resulta en una multa importante. La parte de las ganancias del retiro se grava a la tasa del ingreso ordinario, más una multa federal del 10%. El gobierno esencialmente restringe ese capital a un propósito.

La Cuenta de Corretaje Estándar: El Fondo de Libertad

Cuando inviertes en una cuenta de corretaje estándar (a menudo llamada cuenta imponible no destinada a la jubilación), sacrificas el crecimiento libre de impuestos pero obtienes total libertad financiera.

Si ahorras $50,000 en una cuenta de corretaje estándar, puedes usar $30,000 para matrícula universitaria, $10,000 para comprar un auto al graduarte y $10,000 para financiar tu startup. No hay multas. El único impuesto que pagas es el impuesto sobre las ganancias de capital cuando vendes las inversiones con ganancia, que, para la mayoría de los adolescentes, es mínimo debido a su bajo tramo de impuestos.

Esta flexibilidad a menudo vale el modesto impacto fiscal, especialmente si tus objetivos son fluidos. Estás cubriendo contra la inevitable imprevisibilidad de la vida.

El Enfrentamiento del Impacto de la Ayuda Financiera

Aquí es donde la comparación se vuelve complicada, especialmente para los adolescentes que usan cuentas UGMA/UTMA. Los cálculos de ayuda financiera (usando el FAFSA y el Perfil CSS) evalúan diferentes activos a diferentes tasas, determinando la Contribución Familiar Esperada (EFC).

1. Planes 529: Generalmente, los activos del 529 propiedad de un padre son tratados favorablemente. Se consideran activos parentales y se evalúan a una tasa máxima del 5.64% del valor del activo hacia la EFC. Este es un impacto ligero.

2. Cuenta de Corretaje Estándar Propiedad de los Padres: Si una cuenta imponible estándar es propiedad del padre y está destinada para el estudiante, se trata de manera idéntica a un plan 529 por el FAFSA—evaluada a la baja tasa del 5.64%.

3. Cuenta de Corretaje Estándar Propiedad del Estudiante (UGMA/UTMA): Esta es la advertencia crítica. Los activos mantenidos directamente a nombre del estudiante, como una cuenta UGMA o UTMA, se consideran activos del estudiante. Los activos del estudiante se evalúan de manera mucho más agresiva, contando a menudo hasta el 20% del valor del activo hacia la EFC. Este cálculo agresivo puede reducir significativamente la elegibilidad del estudiante para becas y subvenciones basadas en necesidades.

¿La conclusión? Si estás ahorrando para la universidad y anticipas necesitar ayuda financiera significativa, deberías evitar tener activos de inversión sustanciales (como un UGMA/UTMA) directamente a nombre del estudiante.

El Veredicto: La Flexibilidad Supera a las Rebajas Fiscales (Para la Mayoría de los Adolescentes)

Si los fondos están destinados principalmente a la universidad, y la EFC esperada del estudiante es baja, un plan 529 propiedad de un padre es matemáticamente la opción más eficiente debido a los retiros libres de impuestos.

Sin embargo, si:

A. El estudiante no está seguro de si asistirá a una universidad de cuatro años.

B. El estudiante es probable que reciba becas de mérito que reduzcan la dependencia de los ahorros.

C. El inversor prioriza el control total y la flexibilidad sobre el dinero (permitiendo que se use para objetivos no educativos, como el pago inicial de una casa o financiar un nuevo negocio).

En estos escenarios comunes, la cuenta de corretaje estándar, idealmente mantenida por el padre como propietario (o el custodio de UGMA/UTMA), proporciona la máxima versatilidad financiera sin atrapar el dinero detrás de reglas altamente restrictivas. Para un joven inversor, mantener todas las opciones abiertas a menudo supera el beneficio de una rebaja fiscal condicional.

EL ACELERADOR DE RIQUEZA: ALCANZAR $500,000 ANTES DE LOS 30 APROVECHANDO TU NUEVA LIBERTAD DE ADULTO

FELICIDADES. HAS COMPLETADO LA PARTE MÁS DIFÍCIL DEL VIAJE DE LA RIQUEZA: empezar y construir la disciplina. Los hábitos financieros que estableciste durante tu adolescencia son ahora tu plataforma de lanzamiento.

Cuando cruces el umbral mágico de los 18 (o 21, dependiendo de las reglas de tu estado respecto a las cuentas de custodia), el juego cambia fundamentalmente. Las 'ruedas de entrenamiento' se quitan, y te conviertes en el único y indiscutido maestro de tu dominio financiero. Esta transición no es solo simbólica; es el momento en que desbloqueas el verdadero Acelerador de Riqueza.

El camino para alcanzar los $500,000 antes de los 30 se basa en aprovechar dos nuevos factores: tu nueva libertad legal y tu aumento en potencial de ingresos.

La Transferencia de Custodia: Tomando las Llaves del Reino

Si comenzaste con una cuenta de custodia (UGMA/UTMA), presta atención a las reglas en tu estado. Cuando alcanzas la mayoría de edad (generalmente 18 o 21), tu firma de corretaje iniciará el proceso de transferencia.

Espera papeleo, pero no entres en pánico. La firma de corretaje está legalmente obligada a transferir la cuenta del nombre del custodio (tu padre/tutor) a tu nombre. Esto significa:

1. Control Total: Podrás gestionar, comerciar, retirar y financiar la cuenta sin la autorización de tu custodio.

2. Obligación Fiscal: Dado que la cuenta ahora es completamente tuya, eres 100% responsable de gestionar los impuestos sobre ganancias de capital y dividendos (ver la sección anterior).

3. Tipo de Cuenta: La cuenta generalmente sigue siendo una cuenta de corretaje estándar imponible, pero ahora tienes la libertad de reestructurar tu cartera o abrir cuentas suplementarias como el poderoso Roth IRA.

Esta libertad te permite optimizar tu estrategia y asegurar que cada decisión de inversión esté perfectamente alineada con tus objetivos individuales.

LA EXPLOSIÓN DE FLUJO DE EFECTIVO: APROVECHANDO LA FUERZA LABORAL

Como adolescente, tus ingresos estaban probablemente limitados a una mesada, pequeños trabajos o pagos mínimos de medio tiempo. A medida que entras en tus veinte, tu potencial de ingresos aumenta exponencialmente, ya sea a través de pasantías de verano, primeros trabajos profesionales o escalando tu propio negocio.

Este aumento de capital es el combustible para tu acelerador de riqueza. Alcanzar la marca de $500,000 es principalmente una función de dos variables: tiempo (que aseguraste temprano) y contribuciones de capital.

Para aprovechar al máximo esta fase, debes formalizar tu mandato de 'Págate a Ti Mismo Primero'. Cuando recibas tu primer gran cheque, lucha contra el impulso de derrochar de inmediato. En su lugar, calcula tu compromiso de inversión como un porcentaje de tu ingreso total.

La Regla del 20%: Apunta a invertir al menos el 15% al 20% de cada dólar que ganes (después de impuestos).

Si estás ganando $40,000 al año después de impuestos, dedicar el 20% significa que estás invirtiendo $8,000 anuales, o aproximadamente $666 mensuales. Combina esta nueva contribución con el poder del interés compuesto y tu ventaja de haber empezado desde joven, y la meta de $500,000 se convierte en una inevitabilidad matemática en lugar de un sueño distante.

Maximiza Tus Refugios Fiscales: El Mandato del Roth IRA

Una vez que has ganado ingresos, tu prioridad más crítica es maximizar las contribuciones a un Roth IRA. Como se detalló anteriormente, este es el vehículo definitivo para jóvenes inversores porque el dinero crece y se retira completamente libre de impuestos en la jubilación.

El límite de contribución anual es establecido por el IRS y a menudo aumenta ligeramente cada año, pero para la mayoría de los inversores a principios de sus veintes, maximizar esta contribución (actualmente alrededor de $7,000 por año) debería ser el pilar absoluto de su estrategia de inversión.

Por qué el Roth IRA es el Acelerador Definitivo: Imagina que esos $7,000 que inviertes a los 22 años crecen durante 40 años. Esa única contribución podría fácilmente convertirse en $200,000 o más, y nunca deberás un centavo de impuestos sobre esas enormes ganancias. Si inviertes esos mismos $7,000 en una cuenta de corretaje imponible regular, tendrás que pagar impuestos sobre ganancias de capital cada vez que vendas. Aprovecha la magia libre de impuestos mientras puedas.

Escalando Tu Estrategia: Diversificación Expandida

La estructura de tu cartera inicial (70% en fondos índice amplios, 30% en acciones individuales) fue perfecta para empezar. A medida que tu riqueza crece, deberías comenzar a expandir tu diversificación, no solo dentro del mercado de valores, sino a través de diferentes áreas.

1. Alcance Global: Si bien los mercados estadounidenses (S&P 500) han tenido un buen rendimiento históricamente, es arriesgado depender de una sola economía. Comienza a dedicar una porción (por ejemplo, 10%-15% de tu asignación de ETF) a fondos índice internacionales (ETFs que siguen mercados en Europa, Asia y economías emergentes). Esto protege contra cualquier descenso temporal específico de EE. UU.

2. Enfoque del Sector: Con una mayor tolerancia al riesgo y más capital, puedes comenzar a explorar ETFs especializados en sectores. Por ejemplo, si eres optimista sobre la energía renovable o la robótica, puedes asignar un pequeño porcentaje (5%) a un fondo especializado que se enfoque solo en ese campo emergente, ofreciendo un mayor potencial de crecimiento que un fondo índice general.

3. Exposición Inmobiliaria (No Física): No es necesario que compres una casa todavía, pero puedes agregar exposición inmobiliaria a través de Fideicomisos de Inversión en Bienes Raíces (REITs). Estas son acciones que poseen bienes raíces que generan ingresos (como centros comerciales, complejos de apartamentos o centros de datos) y están obligadas a pagar altos dividendos. Proporcionan un contraequilibrio vital a tu exposición puramente de acciones.

El Plan de $500,000 en Acción

Veamos un ejemplo conservador para mostrar cuán realista es este objetivo, asumiendo un rendimiento promedio del 8% (muy por debajo del promedio histórico del S&P 500):

Escenario: Saldo Inicial a los 18 años

Comienzas a los 18 años con un saldo modesto de $5,000 (de tus esfuerzos de inversión en la adolescencia).

Tu Contribución Anual: $7,000 (aproximadamente $583 por mes, lo que se alinea con maximizar tu Roth IRA y un poco más).

Edad Objetivo: 30 años (12 años de capitalización).

Resultado: A los 30 años, tu cuenta valdría aproximadamente $181,000.

Espera, ¡eso no son $500,000! Correcto. El verdadero Acelerador de Riqueza ocurre cuando te gradúas con éxito, aseguras un ingreso profesional y aumentas drásticamente tus contribuciones.

Escenario 2: El Plan Acelerado

Saldo Inicial a los 18: $5,000.

Contribución Anual (Edad 18-22): $7,000/año.

Contribución Anual (Edad 23-30, aprovechando un ingreso mayor): $12,000/año (10% de un salario modesto de $120k o 15% de un salario de $80k).

Resultado: A los 30 años, tu cuenta valdría aproximadamente $507,000.

Este es el poder de combinar un inicio temprano con contribuciones constantes y altas cuando tu ingreso lo permite. Usaste tus años de adolescencia para construir la base, y usas tus años de adulto para verter cemento de manera agresiva. Tu disciplina temprana, combinada con la nueva libertad de ganar y contribuir más, es la única fórmula necesaria para alcanzar medio millón de dólares antes de cumplir 30 años.

La clave para maximizar esta próxima década es simple: mantente automatizado, aumenta tu monto de Promedio de Costo en Dólares siempre que recibas un aumento o bonificación, y nunca dejes de aprender. Ya no eres solo un inversor; eres un constructor de riqueza serio.

Despedida: Ahora Eres Oficialmente un Inversor (Y Por Qué el Tiempo es la Última Ventaja que Necesitarás)

Lo lograste. En serio, tómate un momento para absorber eso. Hace solo siete días, el mundo de las acciones, ETFs y ganancias de capital podría haber parecido un idioma extranjero hablado por titanes de Wall Street. Ahora, tienes las llaves de ese reino. Has pasado de ser un novato financiero—un consumidor— a ser un inversor estratégico, orientado a objetivos. Has dado el paso definitivo que el 90% de los adultos desearían haber dado hace veinte años.

Si hay una filosofía que espero que lleves adelante de esta guía, es esta: invertir es un maratón, no una carrera corta. Este libro fue diseñado para proporcionar confianza y claridad, para eliminar el miedo a lo desconocido y para establecer un sistema robusto. No fue un plan para hacerse rico el próximo mes. Creamos una base diseñada para los próximos treinta años.

Ahora posees un camino claro. Sabes cómo rastrear tu flujo de efectivo, identificar activos sólidos a largo plazo, establecer contribuciones automáticas utilizando el Promedio de

Costo en Dólares, y, lo más importante, sabes cómo enfrentar la volatilidad sin entrar en pánico. La parte más difícil—el aprendizaje y la configuración inicial—ha terminado.

Tu trabajo principal ahora es simple: mantente consistente. Sigue contribuyendo regularmente, incluso si es solo una pequeña cantidad de tu trabajo secundario o de tu mesada. Adhiérete a tu plan. Sigue aprendiendo—lee informes trimestrales, presta atención a las tendencias macroeconómicas fundamentales (Capítulo 5), y mantén un escepticismo saludable hacia cualquier inversión que prometa retornos instantáneos e imposibles.

Nunca olvides la lección fundamental del Capítulo 1: El tiempo es tu única ventaja competitiva, insustituible.

Estás aprovechando la mágica matemática del interés compuesto antes que prácticamente todos los demás. Cada dólar que inviertes hoy tiene dos décadas adicionales para duplicarse, y duplicarse de nuevo, completamente libres de impuestos si utilizas cuentas como la Roth IRA una vez que empieces a ganar un ingreso suficiente. Al actuar ahora, has asegurado el activo más barato y poderoso disponible: acceso temprano al crecimiento.

Tu yo futuro ya te está enviando gratitud. Cada dólar que pongas a trabajar ahora te retornará exponencialmente más tarde, financiando tu universidad, tu primera compra importante y, eventualmente, tu independencia financiera completa.

Ya no eres solo un adolescente; ahora eres oficialmente un inversor, un constructor de riqueza y un propietario de la economía global. Ve a hacer que tu dinero trabaje más duro que tú.

Felicidades.